ベンチャーキャピタル
ファンド契約
の実務

新契約例と
時価評価の解説

一般社団法人 日本ベンチャーキャピタル協会
弁護士法人 大江橋法律事務所
EY新日本有限責任監査法人

［編著］

一般社団法人 金融財政事情研究会

発刊にあたって

　2010年度の「投資事業有限責任組合モデル契約書」公表以来、わが国のベンチャーキャピタルを取り巻く環境は大きく変化してきました。日本のベンチャーキャピタルファンドの組成数は2010年当時の４倍に増加し、ベンチャー企業の資金調達額も４千億円に迫るなど大きな進展がみられています。一方、世界に目を転じると、VCファンドの組成額が３兆円規模の米国や近年の急成長により５兆円を超える中国等、彼我の差は歴然となっています。また、日本のベンチャーキャピタルへの投資家構成をみると、機関投資家層が少なく、事業会社や金融法人が中心となっており、世界の機関投資家等のリスクマネーを取り込むことも課題としてあげられています。

　日本政府としては、「未来投資戦略2018」の目標として「ベンチャー企業へのVC投資額の対名目GDP比を2022年までに倍増すること」を掲げています。それを達成するための施策の一つとして、日本のファンド契約において国際的な実務慣行をふまえた対応を円滑に進めるため、経済産業省では2017年度に投資事業有限責任組合契約に関する調査事業を行い、そこでの検討を受けて「投資事業有限責任組合契約（例）及びその解説」（以下「契約（例）」という）を公表しました。

　本書では、「契約（例）」をベースとしつつ、複数の契約条項の選択肢を提示しています。それぞれのファンドの性格や背景事情等に応じて適切な契約条項を選択できるようにすることで、「契約（例）」が実務において活用されやすくすることを目指しています。

　「契約（例）」の作成にあたっては、日本ベンチャーキャピタル協会、大江橋法律事務所、EY新日本有限責任監査法人の皆様に多大なるご尽力をいただきました。また、本事業のアドバイザリーボードとして、日本を代表する監査法人、公認会計士、機関投資家の皆様にもご協力をいただきました。関係機関の皆様にあらためて御礼申し上げるとともに、本書の刊行を契機に、スタートアップの成長を支えるベンチャーキャピタルがさらに発展すること

を祈念いたします。

2019年5月

経済産業省 経済産業政策局
新規事業創造推進室長

福本　拓也

はしがき

　わが国ベンチャーキャピタルファンドの根拠法となった投資事業有限責任組合契約に関する法律（平成10年法律第90号。制定時の名称は中小企業等投資事業有限責任組合契約に関する法律）が1998年11月に施行されてから、20年以上が経過した。同法の制定以来、東京証券取引所マザーズ市場の開設（1999年11月）をはじめとするベンチャー企業向け株式市場の整備、株式会社の最低資本金制度を廃止した会社法の施行（2006年5月）など、成長性の高いベンチャー企業（スタートアップ）がより株式上場や起業をしやすくなるための環境が整えられるとともに、一般社団法人日本ベンチャーキャピタル協会（JVCA）の創設（2002年11月）にみられるように、スタートアップに対して返済を求めないエクイティ性の資金を供給してその成長発展を支援するベンチャーキャピタル（VC）が業界として認知されるようになった。

　2010年代後半以降のVC業界の発展には特に顕著なものがある。JVCAに参加するVCおよびコーポレートVC会員は現在140社を超え、2015年以降で倍以上に増加した。賛助会員まで含めると、スタートアップとの資本業務提携などの連携を目的として、金融、不動産など社会の基幹インフラ企業やITグローバル企業が加入する事例も増加しており、JVCAはいまや、VCに加えてオープンイノベーションにかかわる多様なステークホルダーが参画する団体へと発展を遂げつつあるといえよう。

　一方、わが国のVC業界の規模は、米国やイスラエル等のVC先進国に比べてまだ十分とはいえないことも事実である。わが国のVCファンドに出資を行っているグローバルな機関投資家もまだ数多いとはいえない。わが国のVC業界をさらに発展させ、スタートアップへのエクイティ資金供給をグローバルにも遜色ない規模とレベルに高めるためには、わが国のVCファンド契約の実務について、投資者保護のための金融商品取引法改正（2016年3月施行）への対応を図るのはもちろんのこと、近年わが国でも増えている独立系VCの契約ニーズや、長期運用を志向するグローバルな機関投資家の契

約上の諸原則と時価評価の実務慣行にも対応し、新しい時代の要請に沿った投資事業有限責任組合契約と当該契約における時価評価のあり方を打ち出していく必要がある。

　そのためJVCAにおいては、大江橋法律事務所とEY新日本有限責任監査法人にも参画いただき、新たな投資事業有限責任組合契約とそこにおける時価評価のあり方を検討するプロジェクトを2017年8月より立ち上げた。2018年1月からは、経済産業省の委託事業として機関投資家の方々によるアドバイザリーボードも開催させていただき、グローバルにファンド出資を行っている機関投資家の観点から、わが国VCファンドへ出資を検討する際に有益な内容となるようにするための数々の忌憚ない助言を頂戴した。そうした検討の成果物が、2018年4月に「投資事業有限責任組合契約（例）及びその解説」として経済産業省より公表されたところであるが、本書は、その内容をさらに掘り下げて詳説するとともに、その背景や考察等を紹介するものである。

　本書は、一法令や契約雛形の解説書にとどまらない。およそ投資事業有限責任組合契約を用いたVCファンドの契約実務に携わるために必要になるだろう関係法令、会計制度、税制、実務慣行等に、できるだけ幅広く正面から言及することに努めている。したがって、すでにVC事業を行っている方やこれからVCファンドを立ち上げようとする方はもちろん、わが国VCファンドへの出資検討を行おうとする国内外の投資家、VCファンドにかかわるさまざまな法律家・会計士・税理士・コンサルタント等の実務家や研究者の方々にとっても価値ある内容となっているものと信じている。

　本書の執筆にあたっては、きんざいの池田知弘氏に多大なご尽力をいただいた。その過程では、幾度か激論を交わさせていただいた場面もあった。忍耐強く本書の刊行まで導いてくださった同氏に、この紙面を借りて厚く御礼申し上げたい。

2019年5月

　　　　　　　　　　　　　　一般社団法人日本ベンチャーキャピタル協会

　　　　　　　　　　　　　　郷治　友孝

■ 執筆者一覧 （2019年5月現在）

〈一般社団法人日本ベンチャーキャピタル協会〉

郷治　友孝 （ごうじ　ともたか）

株式会社東京大学エッジキャピタルおよび株式会社東京大学エッジキャピタルパートナーズ（総称してUTEC）　代表取締役社長
一般社団法人日本ベンチャーキャピタル協会　常務理事
UTEC1号から4号までの計540億円強の投資事業有限責任組合の設立・運営を行ってきた。UTEC以前は通商産業省（現：経済産業省）にて「投資事業有限責任組合法」（1998年11月施行）を起草し、文化庁、金融庁を経て、2004年4月UTEC創業に際し退官。

村田　祐介 （むらた　ゆうすけ）

インキュベイトファンド　代表パートナー
1999年にスタートアップの創業を経て2003年にエヌ・アイ・エフベンチャーズ（現：大和企業投資）へ入社し、ネット系スタートアップの投資責任者を務めた後、2010年にインキュベイトファンド設立。
2015年より一般社団法人日本ベンチャーキャピタル協会企画部長兼ファンドエコシステム委員会委員長兼LPリレーション部会部会長を兼務。

問山　陽子 （といやま　ようこ）

グローバル・ブレイン株式会社　パートナー
エヌ・ティ・ティ・リース（現：NTTファイナンス）を経て、2000年ソニー入社、ソニー銀行設立に参画、融資審査設計に従事。2006年日興アントファクトリー（現：アント・キャピタル・パートナーズ）入社。IRとして投資家対応に従事。2014年より一般社団法人日本ベンチャーキャピタル協会業務部長出向、企画部マネージャーを兼務。2018年グローバル・ブレイン入社。ファンド組成、マーケティングに従事。

〈弁護士法人大江橋法律事務所〉

内藤　加代子 （ないとう　かよこ）

弁護士法人大江橋法律事務所弁護士・ニューヨーク州弁護士
京都大学法学部卒業、米国コロンビア大学ロースクール修了（LL.M）。1985年弁護士登録。Davis Polk & Wardwellのニューヨーク事務所にて研修。立命館大学

法科大学院非常勤講師（渉外弁護士実務担当）、上場会社や上場投資法人の役員を務める。国内外ファンドの組成や運用に関し法的なアドバイスを行うほか、各種ファイナンス、コーポレート・ガバナンス、M&Aを含む企業再編その他企業法務一般に携わる。

倉持　大（くらもち　ひろし）

弁護士法人大江橋法律事務所弁護士
2004年京都大学法学部卒業、2016年米国南カリフォルニア大学ロースクール修了（LL.M）。2007年弁護士登録。2013年〜2014年金融庁総務企画局市場課勤務、2016年〜2017年Pillsbury Winthrop Shaw Pittman LLPニューヨークオフィスにて研修。東京外国語大学国際社会学部非常勤講師（会社法）、金融商品取引業者のコンプライアンス・オフィサーを務める。ファンドの組成・運用、金融規制等に関する案件のほか、M&A、保険等の分野を中心に取り扱う。

山本　龍太朗（やまもと　りょうたろう）

弁護士法人大江橋法律事務所弁護士
2004年慶応義塾大学総合政策学部卒業、2007年名古屋大学法科大学院修了。英国における研修を経て、2009年弁護士登録。慶應義塾大学総合政策学部非常勤講師（ベンチャー関連法）、東京外国語大学国際社会学部非常勤講師（ビジネス法）を務め、ベンチャーキャピタル・ファンドの設立、スタートアップ投資、スタートアップに対するIPO支援、国内外のM&A案件等の実務経験を有するほか、スタートアップの社外役員も務める。

櫻井　拓之（さくらい　たくゆき）

弁護士法人大江橋法律事務所弁護士・ニューヨーク州弁護士
2006年京都大学法学部卒業、2008年京都大学法科大学院修了、2017年米国ニューヨーク大学ロースクール修了（LL.M）。2009年弁護士登録。2014〜2015年金融庁総務企画局市場課勤務（金融商品取引法（適格機関投資家等特例業務制度）改正の立案を担当）、2017年〜2018年Harney Westwood Riegels（Hong Kong）にて研修（ケイマン籍リミテッドパートナーシップ等のオフショア法実務に従事）。国内外のVCファンド・PEファンドの組成・運用・出資に関する法的支援のほか、金融レギュレーション、スタートアップ投資等を専門とする。

橋本　小智（はしもと　こち）

弁護士法人大江橋法律事務所弁護士
2009年同志社大学法学部法律学科卒業、2012年早稲田大学法科大学院修了。2014年弁護士登録。ベンチャーキャピタル・ファンドへのアドバイスやスタートアップに対するIPO支援に携わるほか、M&A、一般企業法務を中心に取り扱う。

平田　省郎（ひらた　せいろう）

弁護士法人大江橋法律事務所弁護士
2010年東京大学法学部卒業、2012年東京大学法科大学院修了。2013年弁護士登録。

上原　拓也（うえはら　たくや）

弁護士法人大江橋法律事務所弁護士
2011年東京大学法学部卒業、2013年東京大学法科大学院修了。2014年弁護士登録。

〈EY新日本有限責任監査法人〉

佐々木　浩一郎（ささき　こういちろう）

EY新日本有限責任監査法人　パートナー
国内系大手監査法人での監査経験を経て、2008年に現EY新日本有限責任監査法人入所、国内のベンチャーキャピタルおよび一般事業会社の金商法・会社法監査等、投資事業有限責任組合法監査等に関与。監査法人内のVC&ファンドセクターナレッジのセクターリーダーとして、業種に特有な取引慣行・会計処理についての研究活動・情報発信を行う。
現：日本公認会計士協会業種別委員会投資事業有限責任組合専門部会部会長、一般社団法人日本ベンチャーキャピタル協会顧問

飯室　圭介（いいむろ　けいすけ）

EY新日本有限責任監査法人　シニアマネージャー
1998年に現EY新日本有限責任監査法人入所、ベンチャー企業の会計監査および上場支援、VCファンドの会計監査および設計・組成支援業務などに従事。2011年よりファンド運営会社へ2年間出向し、投資案件の発掘、投資候補先への提案、初期調査・DD、ハンズオン支援に従事。

加登　一人（かと　かずと）

EY新日本有限責任監査法人　マネージャー

国内系大手監査法人での監査経験を経て、2008年に現EY新日本有限責任監査法人入所、国内のベンチャーキャピタルの金商法・会社法監査およびVCファンド、PEファンド、ファンド・オブ・ファンズの投資事業有限責任組合法監査等に関与。一般社団法人日本ベンチャーキャピタル協会顧問

渡部　絋士（わたべ　ひろし）

EY新日本有限責任監査法人　マネージャー

国内系大手監査法人での監査経験を経て、2008年に現EY新日本有限責任監査法人入所、国内のベンチャーキャピタルおよび一般事業会社の金商法・会社法監査、投資事業有限責任組合法監査、投信法監査、信用金庫法監査に従事。
現：日本公認会計士協会業種別委員会投資事業有限責任組合専門部会委員

■執筆協力

川口　琢磨（かわぐち　たくま）

EY新日本有限責任監査法人　パートナー

1996年に現EY新日本有限責任監査法人入所、金融機関向け財務会計アドバイザリーチームリーダー

メガバンク、大手証券会社等の金融機関を中心とした監査業務のほか、IFRS、米国会計基準、SOX、金融規制、業務・システム開発案件等のアドバイザリー業務に従事、VCファンド、PEファンド、メザニンファンド、オルタナティブ投資会社の日本基準、IFRS、米国会計基準等監査、アドバイザリー業務に従事。

■企画・執筆協力

野田　史恵（のだ　ふみえ）

一般社団法人日本ベンチャーキャピタル協会　事務局長

■執筆団体紹介

〈一般社団法人日本ベンチャーキャピタル協会について〉

将来性のある未公開企業に投資による資金提供を行い、企業の成長・発展を支援するベンチャーキャピタルを中心とした組織として2002年に設立。健全なベンチャーエコシステムの発展拡大による新産業創造を通じて、日本発世界経済の発展に寄与することを使命とし、講演会等の啓蒙活動、調査研究活動、各種機関との連携等を行っている。2019年3月現在、ベンチャーキャピタル会員・コーポレートベンチャーキャピタル会員・賛助会員として189社が加盟。http://jvca.jp

〈弁護士法人大江橋法律事務所について〉

1981年に設立して以来、国内外のさまざまな法律問題に対応してきた実績がある。国内では東京・大阪・名古屋を拠点として活発に弁護士業務に取り組み、先進的な案件にも多く携わっている。また、日本の法律事務所で最初に上海に事務所を開設し、独自の海外ネットワークを構築するなど積極的に渉外業務にも取り組んでいる。2018年3月に経済産業省より公表された「投資事業有限責任組合契約（例）及びその解説」の作成に関与するなど、各種ファンドの設立・運営に関するアドバイスを積極的に行うほか、企業法務や企業再編、コーポレート・ガバナンス支援、訴訟をはじめとする幅広い分野において、専門的な法的アドバイスを提供している。

〈EY新日本有限責任監査法人について〉

EY新日本有限責任監査法人は、EYの日本におけるメンバーファームであり、監査および保証業務を中心に、アドバイザリーサービスなどを提供している。詳しくは、www.shinnihon.or.jp。

○EYについて

EYは、アシュアランス、税務、トランザクションおよびアドバイザリーなどの分野における世界的なリーダーである。私たちの深い洞察と高品質なサービスは、世界中の資本市場や経済活動に信頼をもたらす。

私たちはさまざまなステークホルダーの期待に応えるチームを率いるリーダーを生み出していく。そうすることで、構成員、クライアント、そして地域社会のために、より良い社会の構築に貢献する。

EYとは、アーンスト・アンド・ヤング・グローバル・リミテッドのグローバルネットワークであり、単体、もしくは複数のメンバーファームを指し、各メンバーファームは法的に独立した組織である。

アーンスト・アンド・ヤング・グローバル・リミテッドは、英国の保証有限責任会社であり、顧客サービスは提供していない。

目　次

第1章　わが国のベンチャーキャピタルファンドの近時の動向

1　はじめに ………………………………………………………… 2

2　投資事業有限責任組合法の制定と投資事業有限責任組合モデル契
約の策定 ………………………………………………………… 7

3　ILPA Private Equity Principles ……………………………… 10

4　金融商品取引法の改正 ………………………………………… 10

5　「国内VCファンドの時価評価に係る実務指針」の公表 …………… 13

第2章　ベンチャーキャピタルファンドに関連する法規制

1　総　　論 ……………………………………………………… 20

2　VCファンドとは ……………………………………………… 20

　⑴　VCファンドの投資対象 ………………………………… 20

　⑵　他の投資ファンドとの比較 ……………………………… 21

3　VCファンドの投資ビークル ………………………………… 22

　⑴　民法上の組合 …………………………………………… 23

　⑵　匿名組合 ………………………………………………… 24

　⑶　投資事業有限責任組合 ………………………………… 26

　⑷　海外ファンド …………………………………………… 27

4　投資事業有限責任組合契約に関する法律 ………………… 31

　⑴　組合の事業 ……………………………………………… 31

　⑵　登　　記 ………………………………………………… 33

　⑶　財務諸表等の作成及び備付け ………………………… 34

5 金融商品取引法 ……………………………………………………… 34

(1) 金融商品取引業の登録・適格機関投資家等特例業務の届出 ……… 34

(2) 適格機関投資家等の範囲（原則） ……………………………… 36

(3) 適格機関投資家等の範囲（ベンチャーファンドの特例の利用）……… 40

(4) 適格機関投資家等特例業務のその他の要件（不適格投資家等）…… 44

(5) 特例業務届出者に適用される行為規制 ………………………… 46

(6) 特定投資家制度（一部の行為規制の適用除外） ………………… 47

| 第 **3** 章 | 投資事業有限責任組合の形態による
ベンチャーキャピタルファンド契約の留意点 |

---

1 総 論 ……………………………………………………………… 52

2 出 資 ……………………………………………………………… 54

(1) 総 論 ……………………………………………………… 54

(2) 出資の方法 ………………………………………………… 55

(3) 免除・除外規定 …………………………………………… 58

(4) 出資約束期間 ……………………………………………… 59

(5) キーパーソン条項 ………………………………………… 61

(6) No Fault Divorce条項 …………………………………… 62

(7) 出資約束金額の減額 ……………………………………… 63

(8) 出資の不履行 ……………………………………………… 64

3 ガバナンス ……………………………………………………… 66

(1) 総 論 ……………………………………………………… 66

(2) 無限責任組合員の権限 …………………………………… 66

(3) 組合財産の運用 …………………………………………… 67

(4) 借入れ・担保提供 ………………………………………… 70

(5) 募集・運用の委託 ………………………………………… 71

(6) 利益相反 …………………………………………………… 72

(7) 有限責任組合員の権限等 ………………………………… 78

目 次 xi

4	会　計	82
（1）	財務諸表等の作成	82
（2）	投資資産時価評価準則	83
（3）	金融商品取引法上の運用報告書	83
5	持分と分配	84
（1）	総　論	84
（2）	無限責任組合員の持分に基づく分配	85
（3）	成功報酬	86
（4）	分配の順序	87
（5）	ハードル・レート／キャッチアップ	88
（6）	クローバック	89
（7）	現物分配	89
（8）	再　投　資	92
6	費用及び報酬等	93
（1）	費　用	93
（2）	管理報酬	94
（3）	管理報酬の減額	95
（4）	組合財産による補償	95
7	税　務	96
（1）	外国有限責任組合員に対する課税の特例	96
（2）	FATCA及びCRS	98
8	組合員の地位の変動	100
（1）	組合員の追加加入・既存組合員からの追加出資	100
（2）	組合員の地位の譲渡	101
（3）	組合員の合併・相続等	103
（4）	組合員の脱退と効力	104
（5）	脱退時の持分の払戻し	106
9	解散及び清算	107
（1）	解　散	107

(2) 清　　算 …………………………………………………………… 107

10　雑　　則 …………………………………………………………… 108

(1) 金融商品取引法に係る確認事項 ……………………………… 108

(2) 金融商品販売法上の確認事項 ………………………………… 109

(3) 犯罪収益移転防止法上の確認事項 …………………………… 110

(4) 適格機関投資家等特例業務に関する特則 …………………… 111

(5) 反社会的勢力等の排除 ………………………………………… 113

(6) 秘密保持 ………………………………………………………… 114

(7) 契約の変更 ……………………………………………………… 114

第4章　投資資産時価評価準則

1　新たに編纂した「投資資産時価評価準則（例2）」の解説 ………… 118

(1) 投資事業有限責任組合にあるべき「時価」の考え方 …………… 118

(2) IPEVガイドラインによる投資資産時価評価準則の位置づけ ……… 119

**2　IPEVガイドラインに基づく準則例採用時のガバナンスに関する
留意事項** ………………………………………………………………… 123

(1) 概　　要 ………………………………………………………… 123

(2) ガバナンスに関する留意事項のポイント …………………… 125

3　IPEVガイドラインに基づく評価技法等に関する解説 ……………… 134

(1) はじめに ………………………………………………………… 134

(2) キャリブレーション …………………………………………… 136

(3) 直近の投資価格に対する調整 ………………………………… 139

(4) 非財務的（非伝統的）評価メトリクス ……………………… 141

(5) 種類株式 ………………………………………………………… 144

平成22年版モデル契約と投資事業有限責任組合契約（例）の対照表 …… 146

目　次　xiii

第 1 章

わが国のベンチャーキャピタル
ファンドの近時の動向

1 はじめに

　2015年以降のわが国のベンチャーキャピタル（以下「VC」という）業界は、VCファンドの設立総額や投資金額の伸びを含め、以前にはない発展を遂げてきている。そうしたなかで、一般社団法人日本ベンチャーキャピタル協会（以下「JVCA」という）においては、VCファンド業界における国際的な実務慣行や国内外の制度・経済環境の最新動向をふまえ、わが国VCファンドの時価評価及び契約に係る新たな実務上の指針を示すための作業に取り組んできたところである。

　VCファンドの時価評価の指針については、1998年の「投資事業有限責任組合契約に関する法律」（投資事業有限責任組合法（有責法、LPS法）、制定時の名称は「中小企業等投資事業有限責任組合契約に関する法律」）の制定から2010年の「投資事業有限責任組合モデル契約」（以下「平成22年版モデル契約」という、2回目）の公表に至るまで、ずっと同じ内容の「投資資産時価評価準則」が経済産業省（1998年当時は通商産業省）から示されていたところであり、国際的な時価評価実務において普及したInternational Private Equity and Venture Capital Valuation Guidelines（以下「IPEVガイドライン」という）を反映した内容のものとなっていなかった。そこで、わが国においてもIPEVガイドラインに準拠した時価評価の指針を示すべく、JVCAにおいて、監査法人等の専門家とともに作業を重ね、2017年3月、経済産業省より、「国内VCファンドの時価評価に係る実務指針」（平成28年度グローバル・ベンチャー・エコシステム連携強化事業（我が国におけるベンチャー・エコシステム形成に向けた基盤構築事業）調査報告書）として公表したものである。

　一方、VCファンドの契約の指針については、モデル契約が経済産業省によって2004年・2010年の二次にわたり公表され、国内のVCファンドやバイアウトファンド等のプライベートエクイティファンド（以下「PEファンド」という）業界の実務において活用されてきたところであった。しかしながら、その後の以下のような制度・経済環境の変化や実務上の最新動向をふま

えた新たな指針が求められるようになった。

- 前述の「国内VCファンドの時価評価に係る実務指針」の公表
- 2016年3月に改正施行された金融商品取引法における「適格機関投資家等特例業務」等の制度改正
- 独立系VCを含むVCの増加に伴う、VCファンド向けの契約の指針へのニーズの高まり
- 年金基金など長期運用を志向する機関投資家によるVCファンドへの出資検討の広がりに伴う、機関投資家との契約上の留意事項の重要性の高まり

　そこでJVCAにおいて、これらの要請をふまえたVCファンドの契約の例を示すべく、モデル契約を基にしながら、近年主導的な役割を果たしているベンチャーキャピタリスト、機関投資家、法律家、監査法人等の専門家の意見を参考に作業を重ね、2018年4月、経済産業省より「投資事業有限責任組合契約（例）及びその解説」（平成29年度グローバル・ベンチャー・エコシステム連携強化事業（我が国におけるベンチャー・エコシステム形成に向けた基盤構築事業）以下「本契約例」という）を公表したものである。同資料においては、参考資料として、機関投資家の国際団体であるInstitutional Limited Partners Association（以下「ILPA」という）におけるPrivate Equity Principles version 2.0の概要も紹介している。

　JVCAとしては、「投資事業有限責任組合契約（例）及びその解説」及び「国内VCファンドの時価評価に係る実務指針」が、広くわが国のベンチャーキャピタリスト、機関投資家、法律家、監査法人等に参考にされ、活用されるようになることを通じて、わが国VCファンドが国際動向と歩調をあわせながら以前にも増して健全に発展することを祈念するものである。

　国内スタートアップを取り巻く資金調達環境はライブドア・ショック及びリーマン・ショックなどの影響によって2008年から2013年頃まで非常に低迷していたが、これ以降改善傾向にあり、2017年には年間資金調達額が3,000

図表1-1　国内スタートアップにおける資金調達額推移

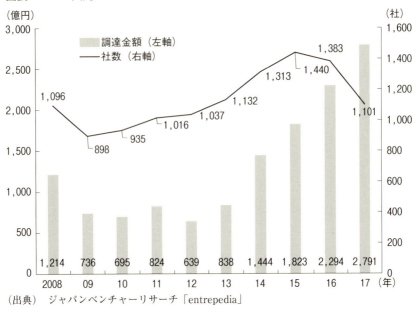

（出典）ジャパンベンチャーリサーチ「entrepedia」

億円をうかがうまでに回復した（図表1-1）。この背景には、市場低迷期を境に国内VC業界の構造変化が生まれ独立系VCファンドが多数創設されたこと、2012年末の安倍政権発足に伴う「アベノミクス」提唱を契機として金融機関系VCファンドが投資活動を再開したこと、大企業のオープンイノベーションに係る期待を背景としたコーポレートベンチャーキャピタルの新規組成や大企業が直接スタートアップに投資する事例が相次いでいることなどがあげられる。

　こうしたスタートアップの資金調達環境の好転により、1社当りの平均調達額も大きく改善し、2017年は平均値で3億円、中央値でも1億円を突破している（図表1-2）。さらに細かくみていくと2017年において3億円以上の調達を行った社数は214社、10億円以上の調達を行った社数は61社となっている。これは一定以上の規模感をもつ特定企業に資金が集中して集まる二極構造が進んでいるとはいえ、アーリーからエクスパンションステージのスタートアップにとっては北米に引けをとらない資金調達環境となっている。

図表1-2　平均調達額の推移

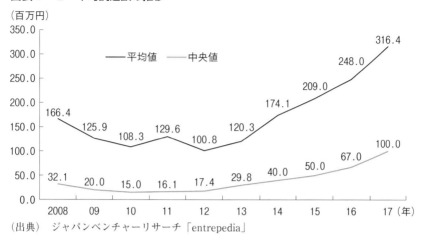

（出典）ジャパンベンチャーリサーチ「entrepedia」

図表1-3　国内VCにおける新規ファンド組成金額の推移

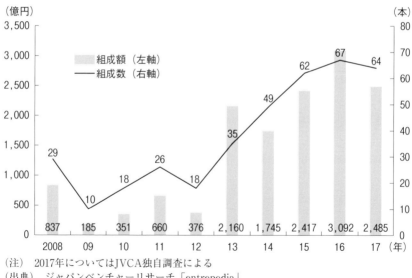

（注）2017年についてはJVCA独自調査による
（出典）ジャパンベンチャーリサーチ「entrepedia」

　こうした資金調達環境の改善には、その資金の担い手である国内VCファンドの新規組成が復調したことが大きく寄与しており、近年では年間2,500億～3,000億円のファンドが組成されるようになっている（図表1-3）。な

かでも100億円超のファンド組成が相次いでおり、2016年から2018年前半までだけを取り上げても、ジャフコ（750億円、2016年）、WiL（500億円、2017年）、Eight Roads Ventures（250億円、2017年）、東京大学協創プラットフォーム開発（250億円、2016年）、東京大学エッジキャピタル（UTEC）（240億円、2018年）、グローバル・ブレイン（200億円、2016年）、三菱UFJキャピタル（100億円×2本、2017年）、ニッセイ・キャピタル（100億円×2本、2016年及び2017年）、グロービス・キャピタル・パートナーズ（160億円、2016年）、京都大学イノベーションキャピタル（160億円、2016年）、NTTドコモ・ベンチャーズ（150億円、2017年）、インキュベイトファンド（111億円、2017年）、ユニバーサルマテリアルズインキュベーター（100億円、2016年）、SBIインベストメント（100億円、2016年）、ソニー（100億円、2016年）、みずほキャピタル（100億円、2016年）など、独立系・金融機関系・CVC系・大学系がそれぞれバランスよく大型ファンド組成している。

　しかし米国の新規ファンド組成状況（図表1－4）に目をやると、国内よりも遥かに大規模にファンド組成されているのがわかる。かかる原因はスタートアップ及びVCの歴史的背景や地政学的事由等多面的な事情によると

図表1－4　北米VCにおける新規ファンド組成金額の推移

（出典）　NVCA/Pitchbook：Venture Monitor 4Q 2017

ころが大きいが、ファンド組成額の多寡に限定すると両国のVCファンドへの出資者（Limited Partner（有限責任組合員）、以下「LP」という）構成の違いが影響していると思われる。すなわち、国内VCファンドのLPは国内事業会社と政府系機関（中小機構、産業革新機構等）、また政策出資目的の金融機関が主な担い手となっているのに対し、米国VCファンドのLPは年金基金を中心とした機関投資家が主な担い手となっていることが大きな要因となっている。

　今後、国内においてもVCファンドが機関投資家からの資金を獲得していくためには、運用者であるGeneral Partner（無限責任組合員、以下「GP」という）のトラックレコード、相応規模のファンドサイズが運用できるチーム体制、ガバナンス体制、そして本書でも後述で取り上げるファンドの公正価値評価ベースによるパフォーマンスが定量的に開示できる管理体制などが高いレベルで求められることになる。

2 投資事業有限責任組合法の制定と投資事業有限責任組合モデル契約の策定

　本書が対象としているVCファンドの根拠法である投資事業有限責任組合法（有責法、LPS法とも呼ばれる。LPSはLimited Partnershipの略。以下「有限責任組合法」という）は、1998年11月に「中小企業等投資事業有限責任組合契約に関する法律」として施行された法律である（その後、2004年4月の改正で「投資事業有限責任組合契約に関する法律」に改称）。

　VCファンドを設立する際には、ファンド自体が課税対象とならないこと、投資家の責任が限定されること、コストが高すぎないこと等を考慮してスキームが選択される。1980年代以降、二重課税を回避できる税務上のメリットに対応した運営を行えるVCファンド形態として、民法上の任意組合（民法667条）をベースにした投資事業組合が普及したが、投資家が法的に無限責任を負うことや、投資家への情報開示の仕組みが未整備であることが大きな問題となっていた。そこで、円滑な資金供給を通じてベンチャー企業

第1章　わが国のベンチャーキャピタルファンドの近時の動向　7

（中小企業等）の自己資本の充実を促進することを目的とした、ベンチャー投資促進のための組合（パートナーシップ）制度の特例を定めた立法措置として、有限責任組合法が制定されることとなったのである。

　同法では、有限責任組合員（LP）と呼ばれる投資家の有限責任性を法的に担保するとともに、投資事業有限責任組合契約（LPS（Limited Partnership）契約）の商業登記制度を設けることで、そのようなファンドの設立を対外的に公示できるようにした。

　さらに、投資家であるLPに対する情報開示を担保するため、無限責任組合員（GP。VCが就任）には、財務諸表等の作成と公認会計士又は監査法人の意見書の作成を義務づけるとともに、中小企業庁公示として制定した「中小企業等投資事業有限責任組合会計規則（平成10年企庁第2号）」（以下「投資事業有限責任組合会計規則」という）によって、財務諸表等のなかで投資の時価評価を行うよう義務づけた。実際、機関投資家がLPとしてファンド投資をするに際しては、その投資パフォーマンスを、ファンド投資以外の他の投資先資産の投資パフォーマンスと比較することが必要となり、GPであるVCが行う時価評価に基づいた投資パフォーマンス情報が必要となるためである。時価評価の指針については、有限責任組合法制定時に中小企業庁から公表された「ベンチャー企業への資金供給円滑化研究会報告書」において例示された。また、同法制定後、通商産業省中小企業庁において、VC各社からファンドパフォーマンス情報を集めてベンチマークを作成する試みもなされた。

　加えて同法は、私的独占の禁止及び公正取引の確保に関する法律（以下「独占禁止法」という）、銀行法、保険業法に係る関係法令を改正し、金融機関によるベンチャー企業の株式保有について、VCファンドを通じた場合の規制を緩和することで、金融機関がLPとしてベンチャー企業に円滑に資金を投資しうるように措置した。

　また、ファンドの税務については、国税庁と中小企業庁との間で、税法に係る解釈通達として「中小企業等投資事業有限責任組合契約に係る税務上の取扱いについて」を取り交わし、ファンド自体は課税対象とならず課税関係

8

は各組合員において直接発生すること（いわゆる「パススルー」）を確認したところである。

　なお、有限責任組合法には、経済産業省を含めて、監督官庁に関する規定がない。これは、当時、郷治友孝を含む同法の起草担当官において、行政官庁によるVCファンドへの直接的規制は、何省庁であるかを問わず、円滑なVCの組成や運営の支障となりかねないため、ファンド運営の適正化は、ファンド共同事業者であるLPがGPにガバナンスを働かせることによって担保すべき、と考えていたためである。そのため、ファンドの設立には、行政官庁による登録や許認可を要さず、法務局への商業登記を行いさえすれば対外的にファンド設立を公示できる仕組みを構築したものである。しかしその後、2007年9月に証券取引法の後継法である金融商品取引法が施行され、ファンド出資持分についての募集・運用を行う行為が同法の規制対象とされるようになると、VCファンドのGPは、金商法に創設された「適格機関投資家等特例業務」という枠組みを用いてファンド募集・運用の届出をするのでない限りは、金商法上の登録規制がかかることとなった。当初この「適格機関投資家等特例業務」は、LPのなかに1名以上の適格機関投資家がいればほかはどのような投資家でも行いうるものであったことや、財務局への届出制にとどまるものであったため、VCファンドの設立や運用の支障となる規制として問題化することは少なかったが、その後の金商法の規制の動きについては後述する。

　こうした法整備に加えて、2004年・2010年の二次にわたり、経済産業省によって「投資事業有限責任組合モデル契約」の策定がなされた。これらのモデル契約は、有限責任組合法の契約実務を実務家に普及させる上で大きな役割を果たした。一方、作成の委託先が法律事務所（2004年：森・濱田松本法律事務所、2010年：西村あさひ法律事務所）だったことや、2004年の有限責任組合法改正によりVCファンド以外のPEファンドも同法の対象となって以降に策定されたものであることから、VCの観点で国際的な最新の実務慣行を反映するために作成されたものではなかった。例えば、バイアウトファンドでは一般的だがVCファンドではあまりみられないとされる規定も種々盛り込

まれた内容となっている。また、投資資産の時価評価の指針については、有限責任組合法制定時の「ベンチャー企業への資金供給円滑化研究会報告書」の例示を踏襲しており、IPEVガイドラインについては言及されていない。

3 ILPA Private Equity Principles

　機関投資家の国際団体であるILPAは、GPとLPとの間の議論を活性化させることを目的として、「Private Equity Principle」と呼ばれる原則を公表しているところである（現在のものは2011年1月に改定されたversion 2.0）。本原則は、パートナーシップ型のファンドにおけるベスト・プラクティスを提示することを目的としたものであり、①利害の一致（Alignment of Interest）、②ガバナンス（Governance）、③透明性（Transparency）の3つを基本理念として構成され、それぞれについて詳細な対応方針が提示されている。

　従来わが国では、GPは自社の系列企業からLP出資を募ることが多く、LPも資産運用というより戦略的な理由からGPを選定することが多かったが、近年は、独立系VCないし独立性を高めているVCが増加しており、自社とは中立的な機関投資家からLP出資を募る必要性が高まっている。また、近年は、以前は消極的であった年金資金や公的運用資金も、VCファンドへのLP出資の可能性をオープンに検討するようになってきている。

　今後はわが国のGPにおいても、機関投資家からのファンドレイズを活性化していくにあたって、ILPAのPrivate Equity Principlesに十分に対応していく必要性が高まるであろう。

4 金融商品取引法の改正

　2014年5月、金融庁から、「適格機関投資家等特例業務の見直しに係る政令・内閣府令案等の公表について」と題する発表資料が公表された。その内

容は、ファンドの投資家被害が発生していることを理由に、今後は適格機関投資家等特例業務のファンドへ出資できる投資家を大幅に制限するというもので、具体的には、「適格機関投資家等特例業務」を行うGPがLP出資を募ることができる投資家の範囲について、従来は適格機関投資家が1名いればそれ以外の投資家については「投資判断能力を有する者」として制約がなかったところを、同年8月以降は、金融商品取引業者（法人）、上場会社、資本金5,000万円超の株式会社、投資性金融資産を1億円以上保有かつ証券口座開設後1年経過した個人などに限る、とするものだった。

　これに対しては、独立系ベンチャーキャピタリストを中心とするVC業界から反対の声があがった。これらの独立系ベンチャーキャピタリストらは、金融庁の規制強化案はVCファンドにLP出資を行いうる投資家を極度に制約し、新しいVCの設立を困難にするものだ、として、「独立系ベンチャーキャピタリスト等有志」（赤浦徹、磯崎哲也、加登住眞、木下慶彦、郷治友孝、榊原健太郎、佐俣アンリ、孫泰蔵、中垣徹二郎、松山太河、村口和孝）を結成し、金融庁に意見書を提出したり、金融庁や政権与党と面談したりするなどした。この規制強化案は政府内で2014年7月下旬の閣議決定にかけられる予定であったが、寸前に「独立系ベンチャーキャピタリスト等有志」メンバーが政権与党に撤回を要請し、廃案となった。

　その後、この問題は金融審議会に議論の場が移され、2014年10月から同審議会内に「投資運用等に関するワーキンググループ」が設置されることとなった。同ワーキンググループには、VC業界から、JVCA尾崎一法会長（当時。故人）のほか、「独立系ベンチャーキャピタリスト等有志」にかかわったベンチャーキャピタリスト（磯崎哲也、村口和孝、木下慶彦、郷治友孝）も参加し、審議を行った。これと並行してJVCAでは、法令改正案について金融庁と協議を進め、その結果が、2015年1月に公表された同ワーキンググループの報告書に反映されることとなった。VCファンドに係る主な内容としては、「適格機関投資家等特例業務」のなかにVCファンド向けの特例（ベンチャーファンド特例）を設けることとし、ベンチャーファンドに当たるファンドの場合には、適格機関投資家のほかにLP出資をしうる「投資判断能力

を有する者」について、以下のような者を含めることとされた。これは、以前に独立系VCファンドの立ち上げを支援してLP出資したことがある投資家の属性を分析した上で、それらの者がカバーされるように措置したものである。

・上場会社等の役員・元役員、ファンドの業務執行組合員・元業務執行組合員等
・有価証券届出書又は有価証券報告書を提出する上場会社等の上位50名（有価証券届出書）又は10名（有価証券報告書）程度の株主等として記載された個人・法人等
・経営革新等支援機関として認定されている公認会計士、弁護士、司法書士、行政書士、税理士等
・会社の役員・従業員・コンサルタント等として、会社の設立、増資、新株予約権の発行、新規事業の立上げ、経営戦略の作成、企業財務、投資業務、株主総会又は取締役会の運営、買収若しくは発行する株式の金融商品取引所への上場に関する実務に、一定期間（例えば1年程度）直接携わった経験があり、当該実務について専門的な知識や能力を有する者
・上記のような出資可能な投資家が支配する会社

同ワーキンググループ報告書の取りまとめ後、JVCAにおいては、当該法令改正に係る条文案や申請書様式案について金融庁と擦り合わせを行うとともに、2016年3月に改正金商法が施行されるに際しては、金融庁の協力を得てVC業界に対する説明会を実施し、改正法令の周知徹底を図ったところである。

5 「国内VCファンドの時価評価に係る実務指針」の公表

　平成27年度経済産業省委託調査事業としてJVCAが作成した「VCファンドのパフォーマンス評価に係る調査報告書」において、わが国のVCファンドは米国と比較すると20分の1にも満たず、ベンチャー企業の質及び量に大きな格差が存在し、その理由の1つとして、ファンドの価値評価基準として国際標準とは異なる日本独自の評価基準が使用されており、ファンドパフォーマンスの国際的な比較が困難となっているために、年金基金を中心とした機関投資家がわが国VCファンドにLP出資することが困難である現状を報告した。

　平成27年度調査事業の成果をふまえ、平成28年度の調査事業においては「国内VCファンドの時価評価に係る実務指針」（以下「実務指針」という）を公表し、国際標準となっている公正価値ベースの時価評価の日本における普及を目指し、実務上の課題に対して一助となるような情報の紹介やフレームワークの策定を行った。国内におけるVCファンドの価値評価に係る各種会計基準・各種実務指針を整理、また時価評価が普及未然となっている背景について主要な論点を解説し、IPEV審議会が設定した「IPEVガイドライン2015年版」を紹介している。IPEVガイドラインをより実務に即した形式に落とし込むことを目的とし、監査法人等の協力を得て策定を行ったフローチャートを紹介、さらに実際に公正価値ベースの時価評価を行った国内VCファンド3社の実務プロセスを掲載した。

　実務指針を公表し、JVCAの活動を介して国内VC各社への周知を行うことにより、業界全体としてVCファンド組成の活性化を促進している。

　国内におけるVCファンドは、そのほとんどが有限責任組合法に基づく投資事業有限責任組合、又は民法に基づく任意組合として組成・運営されている（一部ではケイマン籍等のリミテッド・パートナーシップ等によって組成・運営されている）が、ファンドの価値評価は、当該GPがファンドの組合契約書上で定義した評価方法に基づいて、監査法人（又は公認会計士）と協議して

第1章　わが国のベンチャーキャピタルファンドの近時の動向　13

行われる。投資事業有限責任組合については、組合会計規則によって、財務諸表の作成と投資の時価評価が義務づけられているが、これまで国内の実務において最も多く採用されてきた時価評価の方法は、有限責任組合法制定以来経済産業省が公表してきた「投資資産時価評価準則」の例（平成22年版モデル契約（西村あさひ法律事務所作成）別紙においても採用）にのっとって、基本的に市場性のない未上場有価証券については「回収可能価額」と「客観的事象」に基づいて評価し、未実現損益の計上についてはGPと監査法人の方針によって決定し、これらをまとめて組合会計規則に基づく財務諸表を作成するというものであった（また、これとは別に金融機関LPや上場企業LP向けに金融商品会計基準での財務諸表を作成することも広く行われているが、金融商品会計基準上では未実現損益の計上は基本的に行われていない）。

しかし実際には時価評価といってもいわゆる公正価値評価ベースによるNAV（Net Asset Value）の価値評価を行って監査を受けている国内VCファンドは限られており、上場有価証券を期末時点の時価に洗替することを除けば回収困難時の減損評価を各社の評価規則に基づいて実施するのみの状況に

図表 1 - 5 　海外と日本の時価評価の比較

海外	日本	
US GAAP IFRS	金融商品会計基準 （ASBJ）	金融商品会計に関する 実務指針 （日本公認会計士協会）
「公正価値評価」が原則	その他有価証券は時価評価が原則 →未上場株式を含む時価を把握することが極めて困難と認められる有価証券は取得原価をもって貸借対照表価格とする	
IPEV	組合会計規則	投資事業有限責任組合における 会計上及び監査上の取扱い （日本公認会計士協会）
未上場有価証券等に関する公正価値評価の考え方をまとめている	未上場株式を含む有価証券は時価評価が原則 ただし、未上場株式を時価評価することは「GAAP」とは認められない →金商法等の会計に落とし込むときには組替えが必要	

（出典）「国内VCファンドの時価評価に係る実務指針」3頁抜粋

とどまってきた（図表1−5）。

　公正価値評価ベースによるNAV価値評価を行う国内VCが限定的である理由としては以下に集約される。

---

① 国内VCファンドの会計実務において、業界慣習として回収可能価額による評価が定着しており、回収が困難になったときの評価減・減損評価が暗黙知化していること
② 国内VCファンドは事業会社による出資が中心であり、出資する目的は純投資目的より事業開発等の政策目的に主眼が置かれていることが多い。そのためファンドのパフォーマンスが十分に求められていないことがあり、出資候補者がファンド出資検討時に定量的なパフォーマンス評価を厳密に行っていないこと
③ 設立する国内VCのファンドサイズが小さいため、公正価値ベースでの時価評価を行う際にかかる事務コスト及び監査コストがまかなえないこと

　まず①については、前提として事業会社における保有有価証券の価値評価対象は、売買目的有価証券及びその他有価証券に分類され、特に株式については市場価格のあるものに限定されるのに対し、投資事業有限責任組合の投資勘定は原則として「時価を把握することが極めて困難と認められる有価証券」についても、各組合の組合契約に定める評価基準に従って時価評価を行うものとされている（組合会計規則7条）。しかし現行のわが国会計基準においては、「時価を把握することが極めて困難と認められる有価証券」は評価益を計上せず取得原価評価であること及び保守主義の観点から、時価＞取得価額の場合で、会計方針として取得価額で計上する旨を定めた場合には、評価益の計上をしないこともできることとされている。そのため、平成22年版モデル契約別紙の投資資産時価評価準則にのっとり市場性のない未上場有価証券を回収可能価額と客観的事象に基づいて評価することが一般化された。

　また、金融商品会計に関する実務指針においては、VCファンドが保有す

第1章　わが国のベンチャーキャピタルファンドの近時の動向　15

る未上場株式は「時価を把握することが極めて困難と認められる株式」に該当し、取得原価をもって貸借対照表価額とするとされている。また資産の時価評価に基づく評価差額等を加味した当該株式の発行会社の財政状態の悪化により実質価額が著しく低下したときには相応の減額を行い、評価差額は当期の損失として減損処理しなければならないとされている（金融商品会計に関する実務指針92項）。

このように、わが国では、VCファンドの時価評価が組合会計規則によって義務づけられているものの、日本独特の会計基準や慣行によって実務レベルで十分に徹底されてこなかったといえる。

次に②については、米国等海外におけるVCファンドは金融機関・年金基金等による機関投資家中心による出資で構成されていることが多いのに対し、国内におけるVCファンドの出資者は事業会社中心で構成されていることが多い。前者は純投資目的であるため、ファンド満了時の最終的な総分配額に基づく実現損益ベースでのパフォーマンスだけでなく、ファンド運用途上の段階における実現損益＋未実現損益ベースでのパフォーマンスも強く求められ、グローバルスタンダードとなっている。

一方で後者はファンドパフォーマンス自体よりも、当該事業会社の事業開発に寄与する事業領域の市場動向や投資先情報の提供、投資支援先への事業開発及び投資機会の提供がなされれば出資目的にかなうと考えている先が多いとされる。またLP出資持分の評価については、自社の決算書には前項①で述べた金融商品会計基準ベースで取り込まれることが多いため、LPがGPに対して運用中のファンドの決算を時価評価ベースで報告するよう求めてこなかった実態がある。

このような状況であるため、国内VCファンドのGPは新規にファンドレイズする際に運用中のファンドパフォーマンス（＝DPI（Distribution/Paid In Capital、分配額対出資倍率）、RVPI（Residual Value/Paid In Capital、残存価値対出資倍率）、TVPI（Total Value/Paid In Capital、投資倍率）をベースに定量的に開示して募集する必要性が低く、投資戦略、過去投資先実績、実現損益ベースの個別リターン等を中心とした情報開示によって募集をしていること

が多く、情報開示が限定的である。出資者が政策目的の国内事業会社の場合には、GP各社のファンドパフォーマンスを相対的に比較してGPを選別することもあまりみられない。

　最後に、③については、従来、国内VCファンドの決算では①で述べたような評価プロセスが一般的であったため、さほど管理コスト（決算事務コスト、監査コスト等）がかからないことが多かった。他方、IFRSやUS GAAP、IPEVガイドラインに基づいて公正価値ベースで時価評価する場合には、マーケット・アプローチ又はインカム・アプローチを行うための事前評価手法の確立が個別投資先ごとに必要であり、少なくとも年次（本来四半期ごとが望ましい）で運用する必要があり、評価に必要な定量的材料を継続的に収集把握する体制が必要となる。さらにこれらを運用するためのパートナークラスのリソース捻出と、ファンド会計を行うミドル・バックセクションの管理体制強化が必須となるため、必然的に高水準の管理コストが求められることになる。従来、国内VCファンドのサイズは50億円程度が平均値であり、シード・アーリー投資が中心となる独立系VCにおいては中央値で20億円前後のレンジにとどまっていたことを考えると、公正価値ベースでの時価評価が可能な体制を整備するには相応のハードルが存在したといえる。

　しかし、わが国の独立系VCも近年ファンドレイズ額は上昇傾向にあり、今後ファンド運営を持続的・安定的に行っていくには、継続性のある資金の出し手であり純投資を目的とした資金運用を行う機関投資家からの出資も得られるようになることが望ましいと考えられる。これらの機関投資家はファンドの評価を取り込む際には公正価値ベースでの時価評価を原則としており、特にPE/VCファンドをはじめとしたオルタナティブ投資を積極的に行っている機関投資家は、前節で解説したILPAにおけるPrivate Equity Principlesに記されているPEファンド業界におけるベスト・プラクティスを参照しているとされる。わが国の年金基金で、世界最大級の運用資産残高をもつ年金積立金管理運用独立行政法人（GPIF）でも、法令上、時価評価によるディスクロージャーを要するとされている。今後、日本のVCが、現行ファンドサイズを拡大して後継ファンドを設立、設計するにあたっては、ファン

ド・オブ・ファンズ等経由を含めて機関投資家からの出資を視野に入れてい
く必要があるため、今後、IPEVガイドラインに沿った時価評価での決算や
パフォーマンス計算、Private Equity Principlesの原則等への理解が求めら
れるようになることを想定しておく必要があるだろう。

第 2 章

ベンチャーキャピタルファンドに関連する法規制

1 総 論

第1章で述べたとおり、「投資事業有限責任組合契約（例）及びその解説」（以下「本契約例」という）は、ベンチャーキャピタルファンド（以下「VCファンド」という）における活用を想定し、投資事業有限責任組合契約に関する法律（以下「有限責任組合法」という）に基づき作成されたものである。

本章では、まずは、他の投資ファンドとの比較をすることでVCファンドの概要について説明するとともに、VCファンドを組成する場合の法主体（投資ビークル）として選択される可能性がある民法上の組合、匿名組合、投資事業有限責任組合及び海外ファンドについて紹介する。さらに、ファンドが遵守又は留意すべき有限責任組合法に基づく規制についても触れる。

本契約例においては、無限責任組合員が適格機関投資家等特例業務の届出（金融商品取引法63条2項）を行った上で、投資事業有限責任組合持分の取得勧誘及び組合財産の運用を行うことを想定しているところ（同条1項1号、2号）、本章の最後では、これらの取得勧誘及び組合財産の運用を行うにあたり遵守し、又は、十分に理解することが求められる金融商品取引法上の規制について解説する。

2 VCファンドとは

(1) VCファンドの投資対象

VCファンドはベンチャー企業に対する投資を目的とする投資ファンドであり、主な投資対象は未公開株式であることからプライベートエクイティファンド（以下「PEファンド」という）でもある。もっとも、株式投資以外にも、ベンチャー企業の発行する各種社債に投資する場合や、ベンチャー企

業に対して貸付をする場合もある。

　なお、VCファンドは、バイアウトファンド等とは異なり、投資先の議決権の過半数を取得しないことが多い。

　また、ベンチャー企業に投資するファンドに投資する場合もある[1]。

(2)　他の投資ファンドとの比較

　上記のように、VCファンドは投資ファンドであるが、投資ファンドには、ほかにも種々の類型がある。以下には、VCファンドとの対比のために、投資ファンドの主なファンド類型のうち、いくつかの類型について述べることにする。

a　バイアウトファンド

　バイアウトファンドは、投資先である企業の議決権の過半数を取得する等経営権を掌握し、自ら経営することにより企業価値を高めて、然る後に売却するファンドである。また、投資対象は創業してあまり時間の経っていないベンチャー企業というよりは、ある程度成熟した企業のほうが多い。バイアウトファンドが企業価値を高めるための手段としては、事業拡大のために必要な資金の供給、不足する人材の供給、シナジーのある業務提携等がある。なお、バイアウトファンドのなかには、買収資金を借り入れて企業買収を行い、買収先企業の資産や事業から生じるキャッシュフローを担保や返済原資にする場合がみられる[2]。買収後、資産を売り飛ばして返済に充て、買収企業を解体するという批判もあるが、買収先企業の健全なキャッシュフローを返済原資にするのであれば、批判にはあたらないと考えられる。

b　メザニンファンド

　メザニンファンドは、通常、バイアウトファンドとセットになっている。メザニンファンドは、銀行が融資するシニアローンとバイアウトファンドが出資する株式の中間にある順位の貸付、優先株に対する出資等を行う。シニアローンよりは劣後するので、シニアローンと比較すると金利は高くなる

1　各種ファンドを組み合わせたファンドはファンド・オブ・ファンズと呼ばれている。

2　いわゆるLeveraged Buy Outである。

が、普通株式よりは優先されることになる。銀行には貸付の限度額があり、バイアウトファンドにも投資の限度額があることから、その間隙を埋める役割を果たしている。

c 再生ファンド

再生ファンドは、業績が悪化している企業に対し投資を行い、経営者の派遣、不採算部門の切離し、主力事業の拡大支援等を行うことにより業績を回復させて企業価値を高めた上で売却することにより利益をあげることを目的とするファンドである。バイアウトファンドも業績が思わしくない企業に投資することがないわけではないので、バイアウト・ファンドとの線引きは必ずしも明確ではないが、ファンドに対する投資家として再生ファンドであるという認識をもつことは重要である。投資家は再生ファンドへの投資には投資先の倒産リスクがあることを認識し、再生ファンドへの投資割合を抑えながら投資する等ポートフォリオ上の調整をすることが多い。

d セカンダリーファンド

セカンダリーファンドは、PEファンドの一種で、二次買取ファンドともいわれている。なんらかの理由で売却される、他のPEファンドの持分や出資先株式等を投資対象としている。セカンダリーファンドは、評価能力や価格交渉能力を駆使してこれらの投資対象を有利に買い取る。通常、セカンダリーファンドは買い取った投資対象の経営や運用をすることはないといわれている。

e その他のファンド

投資ファンドでは、経済的利益を生み出すことが可能であれば何でも投資対象となりうるといわれている。実際に、不動産、商品、コンテンツ等さまざまな投資対象を有するファンドが存在する。

3 VCファンドの投資ビークル

VCファンドとしてファンドを組成する場合には、いかなる投資ビークル

を組成するかが問題となる。

　以下では、主な投資ビークルについて、ビークル選択にあたって考慮すべき重要なポイントを中心に概観していきたい。

(1)　民法上の組合

　民法上の組合は、民法667条に基づき、各当事者が出資をして共同の事業を営むことを約する組合契約を締結することにより組成されるビークルである（民法667条1項）。もともと民法上の組合は、各組合員の個性が重視される結果、各組合員が業務執行権を有するのが原則である（民法670条1項）。もっとも、組合契約によって、組合員中の1人又は数人に業務執行を委任することもできる（民法670条2項）。投資ファンドの場合には、投資の専門的な知識や経験が業務に必要なので、通常は組合契約で業務執行組合員を定め、その他の組合員は業務を執行しないこととされている。民法上の組合については、その投資対象について法律上の制限はない。この点は、後に述べる投資事業有限責任組合とは相違する。

　しかしながら、民法上の組合においては、組合員全員が無限責任を負う。すなわち、組合の債権者は組合財産から弁済するように請求するのが普通だとしても、民法上は債権者が内部の債務分担割合を知らない限り、各組合員に対して均等に権利を行使することができるとしており、各組合員はこの額について無限責任を負う[3]。しかし、非業務執行組合員として投資する者としては、一定の財産の限度（例えば出資した財産の限度）で責任を負う有限責任であることが重要で、無限責任は受け入れ難いのが通常である[4]。

　さらに、民法上の組合では、情報開示の仕組みが未整備であることも投資

---

[3]　このように各組合員が分割債務を負うという考えに対しては、共同で事業を行っているのであるから、全額について連帯債務を負うべきであるという考えもある。実際は組合の実態や債務の発生原因によっては連帯債務を認める場合もありうると思われる（鈴木禄彌編『新版注釈民法(17)　債権(8)』（有斐閣、1993年）134頁〔品川孝次〕）。

[4]　実務上、組合は債務を負担しないとの内部約束をしているとしても、例えば、組合がなんらかの理由で予期せぬ損害賠償責任を負う事態が発生すれば、非業務執行組合員が当該債務を弁済しなければならない事態も起こりうる。

家である組合員としては問題である。

　税務上、民法上の組合は法人税課税を免れることができ、組合員の段階で課税されるパススルー課税となっている。

　金融商品取引法上は、民法上の組合の持分は一定の要件を充足すれば、原則として有価証券に該当し（金融商品取引法2条2項5号柱書）、無限責任組合員が組合持分の取得勧誘及び組合財産の運用を行う場合には、後に述べる適格機関投資家等特例業務の届出をしない限りは、原則として金融商品取引業者の登録が必要である。

　後に詳述する有限責任組合法ができる以前には、民法上の組合は投資ビークルとしてしばしば使われていたが現在ではあまり使われていない。

(2) 匿名組合

　匿名組合契約は、営業者が、その営業のために匿名組合員から出資を受け、その者に対して営業から生じる利益の分配を約する契約である（商法535条）。

　匿名組合は、匿名組合員と営業者との1対1の契約であって、民法上の組合や投資事業有限責任組合等の多数当事者間で締結される通常の契約とは異なる。匿名組合の関係者は図表2-1のとおりである。

　匿名組合の営業は、営業者が単独で行い、匿名組合員は行わない。その営業財産は匿名組合員の出資も含めて、全て営業者の財産である。営業者は自己の名で営業を行い、その効果は営業者に帰属し、匿名組合員には帰属しな

図表2-1　匿名組合契約

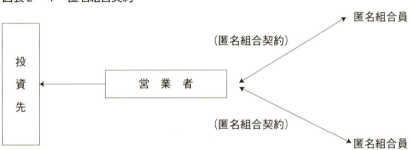

い。このように匿名組合員は営業に関して、第三者と直接の法律関係をもつことはないので、第三者に対し責任を負うことはなく、匿名組合員の責任は匿名組合契約上の出資義務等に限定される。この意味で匿名組合員の責任は一種の有限責任ということができる[5]。

しかしながら、上記のように匿名組合は1対1の契約のため、投資家が複数いた場合には、各投資家と営業者は個別に契約交渉しそれぞれ個別の契約を締結する必要がある。

税務上は、匿名組合については上記民法上の組合等とは別に規定されているものの、内国法人については、当該匿名組合の営業によって取得した利益や損失については、匿名組合員に実際には分配されておらず、又は、匿名組合員が損失を負担していなくても、当該匿名組合の計算期間の末日が属する事業年度の益金又は損金に算入しなければならないとされており、実質パススルー課税となっている。ただし、匿名組合員が個人である場合には、匿名組合に発生した損益は匿名組合員に直接帰属することはなく、匿名組合の営業者に損益が帰属するとされている。また、金銭以外が匿名組合員に分配される場合は、税務上譲渡として扱われ、営業者に譲渡所得が発生する点は注意を要する。

金融商品取引法上は、匿名組合持分は一定の要件を充足すれば、原則として有価証券に該当し（金融商品取引法2条2項5号柱書）、営業者が持分の取得勧誘や組合財産の運用を行う場合には、後に述べる適格機関投資家等特例業務の届出をしない限りは、原則として金融商品取引業者の登録が必要である。

匿名組合は、現在でも不動産やその他の資産の流動化のなかで投資ビークルとしてしばしば使われている。もっとも、海外の投資家にはなじみが薄いのが実情である。

5　匿名組合員が自己の氏・氏名を営業者の商号中に用いること、又は、自己の商号を営業者の商号として使用することを許諾したときは、その使用以後に生じた債務について営業者と連帯責任を負わなければならないとされている（商法537条）。

第2章　ベンチャーキャピタルファンドに関連する法規制　25

(3) 投資事業有限責任組合

投資事業有限責任組合は、有限責任組合法に基づき組成される組合で、日本国内では主として、VCファンドを含むPEファンドの投資ビークルとして使われている。

投資事業有限責任組合は、ファンドの運営主体である無限責任組合員と、ファンドの出資者である有限責任組合員が投資事業有限責任組合契約を締結することにより組成される（有限責任組合法2条2項）。無限責任組合員にも出資義務があるが（有限責任組合法6条）、実際はほとんどの場合、無限責任組合員の出資割合は非常に小さい。

投資事業有限責任組合では、法令の範囲内で契約に定める目的の事業を実施するために組合員が出資を行い、当該事業で得た収益を組合員に分配する。

投資事業有限責任組合の事業目的は有限責任組合法3条1項に列挙された事項に限定されている。しかしながら、外国法人の発行する株式、新株予約権もしくは指定有価証券もしくは外国法人の持分又はこれに類似するものの取得及び保有については、取得価格の合計額の総組合員の出資総額に対する割合が50％未満でなければならないという制約がある（有限責任組合法3条、同法施行令3条）。この制約のため、海外株式等に大半の投資を計画している場合は投資事業有限責任組合を投資ビークルとして使えないことになる。

投資事業有限責任組合では無限責任組合員が業務を執行し、組合債務の全てについて弁済する無限責任を負うが、有限責任組合員は業務を執行せず、組合の債務については出資額を限度として弁済する有限責任を負う（有限責任組合法9条1項、2項）。

投資事業有限責任組合は一定の事項について登記が必要で、組合の名称、事業の内容、効力発生日、存続期間、無限責任組合員の名称、解散事由の登記等が必要である（有限責任組合法17条）。また、投資事業有限責任組合は監査が必要とされている（有限責任組合法8条2項）。

投資事業有限責任組合契約には、有限責任組合法3条2項に規定される必

要的記載事項のほかに、出資・分配に関する規定、組合の運営・業務執行（ガバナンス）に関する規定、組合の費用・無限責任組合員の報酬に関する規定、組合員の地位の変動に関する規定、組合の解散・清算に関する規定、その他投資事業有限責任組合に係る法規制に関連する規定等が定められることが一般的であり、2010年11月に経済産業省が公表した「投資事業有限責任組合モデル契約」（以下「平成22年版モデル契約」という）や、これを発展踏襲する本契約例は、これらの規定を網羅している。

　なお、税務上、有限責任組合は法人税課税を免れることができ、組合員の段階で課税されるパススルー課税となっている。

　金融商品取引法上、投資事業有限責任組合持分は、一定の要件を満足すれば原則として有価証券に該当し（金融商品取引法2条2項5号柱書）、無限責任組合員が組合持分の取得勧誘及び組合財産の運用を行う場合には、後に述べる適格機関投資家等特例業務の届出をしない限りは、原則として金融商品取引業者の登録が必要である。

　投資事業有限責任組合は平成22年版モデル契約や本契約例もあって、次に述べる海外のリミテッド・パートナーシップ（以下「海外ファンド」という）よりは比較的シンプルな契約が日本語版で入手でき、また組合の組成費用も海外ファンドと比較して一般には安価であって、日本では広く使われている。ただし、平成22年版モデル契約には英語版もあるものの、海外投資家にはあまりなじみがないのが実情である。

　有限責任組合法については、次節で詳しく述べるが、投資事業有限責任組合の資金の流れ等を示すと図表2－2のようになっている。

⑷　海外ファンド

　海外ファンドは、PEファンドを含む投資ファンドとして広く国内外で使われている。ケイマン諸島法、米国デラウエア州法、ガーンジー法、英国法等に基づいて組成されている。このうちケイマン諸島法や米国デラウエア州法を準拠法とするファンドが多い。以下にはケイマン諸島法に準拠するファンド（以下「ケイマン・ファンド」という）を例にあげながら海外ファンドに

図表2-2 投資事業有限責任組合の資金の流れ

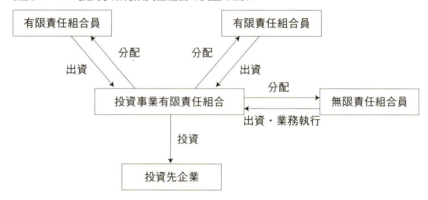

言及し解説する。

　ケイマン・ファンドはThe Exempted Limited Partnership Law（以下「ケイマン・ファンド法」という）に準拠する。ケイマン・ファンドは、業務執行を行う無限責任のGeneral Partner（以下「GP」という）と、業務執行を行わない有限責任のLimited Partner（以下「LP」という）から構成される。LPは業務執行を行わないものの、組合契約に従ってGPの業務執行を監督する。ケイマン・ファンドでは、投資判断を行う投資委員会が置かれることがしばしばあるが、GPは委員となっても、業務執行を行わないLPは委員になることはない[6]。一方、組合の業務執行ではなく、GPの利益相反についての判断等を行う諮問委員会が置かれる場合には、LPが委員となる。

　GPには法令上出資義務はないが、実務上は出資する場合も多い。LPからはGPも相当程度出資し、出資することによるリスクを負担して業務を執行してほしいという要望が出ることがある。GPは最低1人はケイマン諸島居住者やケイマン諸島登録会社等である必要がある（ケイマン・ファンド法4(4)）。

　ケイマン・ファンドには、特に投資対象の制限はない。この点、投資対象に制限がある投資事業有限責任組合とは異なっている。とりわけ、前述のよ

6　もっとも、投資手法を知りたい等の理由から、LPが投資委員会のオブザーバーになることはある。

うに投資事業有限責任組合では外国法人の発行する株式等の取得及び保有については、取得価額の合計額の総組合員の出資総額に対する割合が50％未満でなければならないが、ケイマン・ファンドではそのような制限はない。したがって、海外企業の発行する株式や海外のPEファンドを主要投資先とするファンドとして使うことができる。

なお、ケイマン・ファンドでは法令上は監査を必要としていないものの、契約で監査を必要としているファンドは多い。

税金に関しては、海外ファンドに関連して、2つの観点をあげておきたい。第1の観点は海外ファンドを通じて海外投資家が投資する場合に、日本国内に恒久的施設（Permanent Establishment、以下「PE」という）を有しないと扱われていることである。これに対して、海外投資家が日本の組合に投資をして当該組合を通じて投資を行う場合、日本国内にPEを有すると扱われる。投資事業有限責任組合の場合は一定の要件を満足した場合にはPEを有しないとされるが、その要件は厳格に解されている。したがって、一般に海外ファンドを通じて行う投資のほうが海外投資家にとっては好ましいとされる。

税金についてのもう1つの観点は、ファンドレベルではなく組合員レベルでのみ課税されるパススルー課税であることが確保されているか、である。これに関しては、米国デラウエア州法に基づくリミテッド・パートナーシップ（以下「デラウエア・ファンド」という）に関して、最高裁はデラウエア・ファンドが税法上の「外国法人」に該当するとして、パススルー課税を否定している[7]。ここでは、最高裁は、設立根拠法上、当該ファンドが権利義務の帰属主体になれるかを1つの基準としている。ケイマン・ファンドについては、ケイマン・ファンド法上権利義務の主体はケイマン・ファンドではなく、GPであることが明確なので、上記デラウエア・ファンドに対する判例の射程はケイマン・ファンドには及ばず、パススルー性は認められるのではないかとの考えもあるが、まだこの点についての確定的な取扱いは定まって

7　最判平27.7.17民集69巻5号1253頁

いないようである。

　金融商品取引法上は、多くの海外ファンド持分は有価証券に該当すると考えられるが（金融商品取引法2条2項6号）、準拠法ごとに検討を要する。ケイマン・ファンド持分やデラウエア・ファンド持分については、有価証券に該当すると考えることができる。海外のGPが非居住者を相手として日本国外で勧誘する場合や、非居住者から出資を受けた金銭等を投資運用する場合には、金融商品取引法の適用はない。しかし、GPが日本国内で勧誘する場合や、日本の居住者から出資を受けた金銭等を投資運用する場合には、金融商品取引法の適用があり、後に述べる適格機関投資家等特例業務の届出をしない限りは、原則としてGPは金融商品取引業者の登録が必要となる。

　投資事業有限責任組合では、平成22年版モデル契約や本契約例があるが、ケイマン・ファンドではそのようなモデルとなるような契約はない。しかしながら、主要なケイマン諸島の法律事務所が作成しているケイマン・ファンドの契約は相互に相当程度類似している。また、投資事業有限責任組合の平成22年版モデル契約は作成時に海外ファンドの組合契約も参考にしたといわれており、ケイマン・ファンドの契約は平成22年版モデル契約や本契約例と基本的な構造を同じくすることが多い。もっとも、契約はかなりの分量の英文であり、日本ではなじみのないケイマン諸島法が準拠法であることから訴訟になった場合の予測がしにくく、組成や管理のためにケイマン諸島の弁護士や業者に依頼しなければならないことから費用が高額となる等々の理由で、日本の投資家には敬遠されることもある。

　しかし、一方で海外投資家にとっては、ケイマン・ファンド等の海外ファンドは投資ビークルとして代表的なものであって、契約文言も英文で内容についてもなじみが深い。また、前述のように税務上も日本にPEを有しないと扱われることもあって、海外投資家からは出資しやすい。同一の投資方針であっても、国内投資家向けの投資事業有限責任組合と海外投資家向けの海外ファンドを並行して組成する例もある[8]。

8　いわゆるパラレル・ファンドである。

4 投資事業有限責任組合契約に関する法律

(1) 組合の事業

投資事業有限責任組合は、投資事業有限責任組合契約において当該組合が行う事業を定める必要がある（有限責任組合法3条2項1号）。そして、民法上の組合と異なり、上記3⑶でも述べたとおり、投資事業有限責任組合が行うことのできる事業は有限責任組合法3条1項各号及び同法施行令4条各号に定める以下の事業に限られている。

---

① 株式会社の設立に際して発行する株式の取得及び保有並びに企業組合の設立に際しての持分の取得及び当該取得に係る持分の保有

② 株式会社の発行する株式もしくは新株予約権（新株予約権付社債に付されたものを除く）又は企業組合の持分の取得及び保有

③ 金融商品取引法2条1項各号（9号及び14号を除く）に掲げる有価証券（同項1号ないし8号、10号ないし13号及び15号ないし21号に掲げる有価証券に表示されるべき権利であって同条2項の規定により有価証券とみなされるものを含む）のうち社債その他の事業者の資金調達に資するものとして、有限責任組合法施行令1条各号で定めるもの（以下「指定有価証券」という）の取得及び保有

④ 事業者に対する金銭債権の取得及び保有ならびに事業者の所有する金銭債権の取得及び保有

⑤ 事業者に対する金銭の新たな貸付

⑥ 事業者を相手方とする匿名組合契約の出資の持分又は信託の受益権の取得及び保有

⑦ 事業者の所有する工業所有権又は著作権の取得及び保有（これらの権利に関して利用を許諾することを含む）

⑧ 上記①～⑦の規定により投資事業有限責任組合がその株式、持分、

新株予約権、指定有価証券、金銭債権、工業所有権、著作権又は信託の受益権を保有している事業者に対して経営又は技術の指導を行う事業

⑨ 投資事業有限責任組合もしくは民法667条1項に規定する組合契約で投資事業を営むことを約するものによって成立する組合又は外国に所在するこれらの組合に類似する団体に対する出資

⑩ 上記①～⑨の事業に付随する事業であって、有限責任組合法施行令2条各号で定めるもの

⑪ 外国法人の発行する株式、新株予約権もしくは指定有価証券もしくは外国法人の持分又はこれらに類似するものの取得及び保有であって、その取得の価額の合計額の総組合員の出資の総額に対する割合が50％に満たない範囲内において、組合契約の定めるところにより行うもの

⑫ 組合契約の目的を達成するため、次に掲げる方法により行う業務上の余裕金の運用

（i） 銀行その他の金融機関への預金

（ii） 国債又は地方債の取得

（iii） 外国の政府もしくは地方公共団体、国際機関、外国の政府関係機関（その機関の本店又は主たる事務所の所在する国の政府が主たる出資者となっている機関をいう）、外国の地方公共団体が主たる出資者となっている法人又は外国の銀行その他の金融機関が発行し、又は債務を保証する債券の取得

　無限責任組合員が上記の事業以外の行為を行った場合、かかる行為は無権代理行為になると解されている[9]。民法の原則に従えば、無権代理行為であっても本人が追認すれば有効な代理行為になるものの（民法113条1項）、投資事業有限責任組合において、無限責任組合員が上記事業以外の行為を

9　経済産業省経済産業政策局産業組織課編「投資事業有限責任組合契約に関する法律【逐条解説】」（2005年6月1日改訂）48頁

行った場合、他の組合員はかかる行為を追認することができないため（有限責任組合法7条4項）、無限責任組合員は無権代理人としての責任を負うこととなる。

　上記の事業は限定列挙であり、投資事業有限責任組合は、上記に含まれない有限責任事業組合、一般社団法人又は合同会社への出資を行うことは許されない点に留意が必要である。

　有限責任組合法における「事業者」は法人（外国法人を除く）及び事業を行う個人に限定されており（同法2条1項）、外国法人を含まない概念となっている。したがって、有限責任組合法3条1項各号において「事業者」を対象としている事業を、外国法人を相手方として行うことはできない。具体的には、外国法人に対する金銭債権の取得及び保有、金銭の新たな貸付、匿名組合契約の出資の持分又は信託の受益権の取得及び保有、ならびに、外国法人の所有する工業所有権又は著作権の取得及び保有をすることはできない。

　なお、有限責任組合法上認められている組合の事業のなかには、許認可の取得が必要なものもあることに留意が必要である。例えば、事業者に対する新たな金銭の貸付を業として行うのであれば貸金業の登録（貸金業法3条1項）、不動産の取得を業として行うのであれば不動産特定共同事業の許可（不動産特定共同事業法3条1項）の要否が問題となりうる。

(2)　登　　記

　上記3⑶で述べたとおり、有限責任組合法17条は、組合契約が効力を生じたとき、その効力発生日から2週間以内に主たる事務所の所在地において、「組合の事業」「組合の名称」「組合契約の効力が発生する年月日」「組合の存続期間」「無限責任組合員の氏名又は名称及び住所」「組合の事務所の所在場所」及び「組合契約で（有限責任組合法）13条1号から3号までに掲げる事由以外の解散の事由を定めたときは、その事由」を登記すべきであることを定めている。そして、有限責任組合法18条は、かかる登記事項に変更が生じたときも、2週間以内に、本組合の事務所の所在地において変更の登記をしなければならないと規定している。これらの登記は組合契約の効力発生要件

第2章　ベンチャーキャピタルファンドに関連する法規制　33

ではないが、これらの登記がなされない限り、登記事項は、登記の後でなければ、善意の第三者に対抗することができない（有限責任組合法4条1項）。

　なお、これらの登記については、無限責任組合員の申請によるものと規定されている（有限責任組合法26条）。

⑶　財務諸表等の作成及び備付け

　無限責任組合員は、毎事業年度経過後3カ月以内に、その事業年度の貸借対照表、損益計算書及び業務報告書ならびにこれらの附属明細書（以下「財務諸表等」という）を作成し、5年間主たる事務所に備置する義務がある（有限責任組合法8条1項）。また、無限責任組合員は、組合契約書及び公認会計士（外国公認会計士を含む）又は監査法人の意見書（業務報告書及びその附属明細書については、会計に関する部分に限る）をあわせて備え置かなければならない（有限責任組合法8条2項）。

　なお、有限責任組合法上の義務は上記のとおりであるが、投資事業有限責任組合契約においては、有限責任組合員の便宜のため、無限責任組合員から有限責任組合員に対して上記書類の送付義務が定められることが一般的である。また、上半期の中間貸借対照表、中間損益計算書及び半期業務報告書ならびにそれらの附属明細書の作成及び送付義務が規定されることも一般的である。詳しくは、第3章4を参照されたい。

5　金融商品取引法

⑴　金融商品取引業の登録・適格機関投資家等特例業務の届出

　投資事業有限責任組合の無限責任組合員が、有限責任組合員として出資するよう投資家に対して勧誘を行うこと（自己募集）は、金融商品取引法2条8項7号への集団投資スキーム持分（同条2項5号、6号。いわゆるファンド持分）の「募集又は私募」に該当し、また、組合財産の運用を行うこと（自

己運用）は、同条8項15号ハに掲げる行為に該当するのが通常である。したがって、これらを業として行う無限責任組合員は、第二種金融商品取引業（金融商品取引法28条2項1号）及び投資運用業（同条4項3号）を行うものとして、原則として金融商品取引業の登録を行う必要がある（同法29条）（図表2－3参照）。

しかし、金融商品取引法上、当該自己募集・自己運用の相手方となる有限責任組合員が「適格機関投資家等」（同法63条1項1号）に該当する場合には、無限責任組合員は、金融商品取引業の登録を行うことなく、適格機関投資家等特例業務の届出（同条2項）を行うことにより、当該自己募集・自己運用行為を行うことができる（同条1項1号、2号）。

金融商品取引業の登録については、厳格な要件が求められ（例えば、投資運用業の登録については、最低資本金5,000万円や、厳格な人的体制要件等が求められる）、申請から登録に至るまでも相当程度の期間がかかることが通常であることから、投資事業有限責任組合の自己募集・自己運用については、無限責任組合員が適格機関投資家等特例業務の届出を行い、特例業務届出者（金融商品取引法63条5項）として実施することが一般的である（なお、適格機関投資家等特例業務の制度については、平成27年の金融商品取引法改正（金融商品取引法の一部を改正する法律（平成27年法律第32号）、以下「平成27年金融商品取引法改正」という）によりその要件が厳格化されたが、当該状況には特段変化

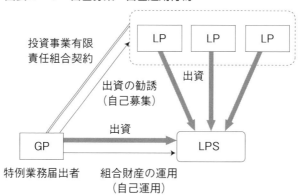

図表2－3　自己募集・自己運用行為

第2章　ベンチャーキャピタルファンドに関連する法規制

はない）。

　そこで、以下では、適格機関投資家等特例業務の制度概要を、平成27年金融商品取引法改正をふまえて解説する。

(2)　適格機関投資家等の範囲（原則）

　上記(1)のとおり、投資事業有限責任組合持分の取得勧誘及び組合財産の運用については、有限責任組合員を「適格機関投資家等」に限定することにより、無限責任組合員は、適格機関投資家等特例業務の届出を行うことによりこれらの行為を行うことができる。

　適格機関投資家等特例業務として取得勧誘及び組合財産の運用を行う投資事業有限責任組合に、有限責任組合員として出資することができる「適格機関投資家等」の範囲は、以下のとおりである。

①　1名以上の適格機関投資家

②　49名以内の特例業務対象投資家

　①の「適格機関投資家」とは、「金融商品取引法第二条に規定する定義に関する内閣府令」（平成5年大蔵省令第14号、以下「定義府令」という）10条1項各号に列挙される者をいい、主に金融商品取引業者（第一種金融商品取引業者・投資運用業者）、銀行、保険会社等の金融機関が該当するが、投資事業有限責任組合もこれに該当するほか、一定の要件（直近日の保有有価証券残高が10億円以上等）を充足する法人や個人であれば、金融庁長官に届出を行うことにより、適格機関投資家になることが可能である（同府令10条1項23号、24号等）。

　なお、有限責任組合員に適格機関投資家が1名以上存在することは、特例業務届出者である無限責任組合員が運用する投資事業有限責任組合の運用期間を通じて満たしていることが必要である。しかし、上述の届出により適格機関投資家に該当する者は、その有効期間は届出が行われた月の翌々月の初日から2年とされていることから（定義府令10条5項）、届出により適格機関投資家となる者が唯一の適格機関投資家であるような投資事業有限責任組合の場合、当該適格機関投資家が、届出の有効期間の満了により適格機関投資

家の地位を失うことがないよう留意が必要である[10]。

次に、上記②の要件（「49名以内の特例業務対象投資家」）については、平成27年金融商品取引法改正前は、「49名以内の適格機関投資家以外の者」であればよく、すなわち、「49名以内」という人数制限がかかるのみで、適格機関投資家等特例業務に出資することができる一般投資家（適格機関投資家以外の投資家）の範囲に制限がなかった。しかし、平成27年金融商品取引法改正により、適格機関投資家等特例業務は、本来はプロ向けの制度であり、十分な投資判断能力を有さないような一般個人の投資家等は除外されるべきであるとの考えから、適格機関投資家等特例業務に出資することができる一般投資家の範囲が、原則として、金融商品取引法施行令17条の12第1項各号に列挙される、投資判断能力を有する一定の投資家又は特例業務届出者に密接に関連する者に限定された（図表2－4参照）。このように、適格機関投資家等特例業務に出資することができる、限定された一般投資家の範囲を画する

図表2－4　特例業務の範囲

10　例えば、従前の適格機関投資家の届出による有効期間が3月末までである場合、当該投資家は同年2月中に再度の届出を行わないと、翌々月の初日である4月1日からは適格機関投資家ではなくなり、当該投資家が唯一の適格機関投資家であった投資事業有限責任組合は、適格機関投資家等特例業務の要件に該当しなくなる。この場合、投資事業有限責任組合の運用が適格機関投資家等特例業務に該当しなくなったものとして、内閣総理大臣が必要な措置を命ずることができるものとされている（金融商品取引法63条12項）。

概念を、金融商品取引法では「特例業務対象投資家」と定義していることから（金融商品取引法施行令17条の12第4項2号）、本書でも「特例業務対象投資家」と呼ぶこととする。

　金融商品取引法施行令17条の12第1項各号に列挙される投資家の範囲は以下のとおりである。なお、当該要件の判断時点については、当該投資事業有限責任組合持分の取得勧誘の相手方となる時点において、下記のいずれかに該当することが必要である[11]。

---

① 　国（金融商品取引法施行令17条の12第1項1号）

② 　日本銀行（同項2号）

③ 　地方公共団体（同項3号）

④ 　金融商品取引業者等（同項4号）

⑤ 　特例業務届出者（同項5号）

⑥ 　上場会社（同項7号）

⑦ 　資本金額5000万円以上の法人（同項8号）

⑧ 　純資産額5000万円以上の法人（同項9号）

⑨ 　特殊法人・独立行政法人等（同項10号）

⑩ 　資産流動化法上の特定目的会社（同項11号）

⑪ 　投資性金融資産[12]が100億円以上と見込まれる企業年金基金・存続厚生年金基金・外国年金基金（同項12号、15号、金融商品取引業等府令233条の2第2項、4項2号、3号）

⑫ 　外国法人（金融商品取引法施行令17条の12第1項13号）

11　投資事業有限責任組合においては、組合員が一定の金額（出資約束金額）まで出資を行うことを約束し、当該金額の範囲内で無限責任組合員の通知（キャピタル・コール）があった場合に払込みを行う方式をとる場合があるが、キャピタル・コールに基づく払込みは、基本的には、当初約束した出資義務の履行にすぎず、新たな取得勧誘が行われるものではないと考えられるため（平成28年2月3日付金融庁「平成27年金融商品取引法改正等に係る政令・内閣府令案等に対するパブリックコメントの結果等について」（以下「平成28年2月3日付パブコメ」という）13番、14番）、当初に出資の約束を行った時点での要件充足性のみが問題となり、個別の払込み時点で当該要件を充足していることは必要ではないと考えられる。

⑬　投資性金融資産が 1 億円以上と見込まれ、証券口座を開設して 1 年を経過している個人（同項14号、金融商品取引業等府令233条の 2 第 3 項 1 号）

⑭　投資性金融資産が 1 億円以上と見込まれる法人（金融商品取引法施行令17条の12第 1 項15号、金融商品取引業等府令233条の 2 第 4 項 4 号イ）

⑮　投資性金融資産が 1 億円以上と見込まれるファンドの業務執行組合員である個人・法人（金融商品取引法施行令17条の12第 1 項14号、15号、金融商品取引業等府令233条の 2 第 3 項 2 号、 4 項 4 号ロ）

⑯　国又は地方公共団体が 4 分の 1 以上の議決権を保有する公益社団法人等（金融商品取引法施行令17条の12第 1 項15号、金融商品取引業等府令233条の 2 第 4 項 1 号）

⑰　金融商品取引業者等・上場会社・資本金又は純資産額が5000万円以上の法人の子会社・関連会社（金融商品取引法施行令17条の12第 1 項15号、金融商品取引業等府令233条の 2 第 4 項 5 号）

⑱　一定の資産管理会社（金融商品取引法施行令17条の12第 1 項15号、金融商品取引業等府令233条の 2 第 4 項 6 号、 8 号）

⑲　一定の外国籍組合型ファンド（金融商品取引法施行令17条の12第 1 項15号、金融商品取引業等府令233条の 2 第 4 項 7 号）

⑳　当該特例業務届出者の役員・使用人（金融商品取引法施行令17条の12第 1 項 6 号、金融商品取引業等府令233条の 2 第 1 項 1 号）

㉑　当該特例業務届出者の親会社等・子会社等・兄弟会社（金融商品取引法施行令17条の12第 1 項 6 号、金融商品取引業等府令233条の 2 第 1 項 2

---

12 「投資性金融資産」の対象は、有価証券、デリバティブ、特定預金、特定保険、信託受益権等に限り、預貯金や不動産等は含まれていない（金融商品取引業等府令233条の 2 第 2 項、62条 2 号イないしト）。投資性金融資産額の確認方法については、外形的に明らかな場合を除き、顧客の自己申告の書面のみでは足りず、顧客の取引残高報告書や通帳の写し等の客観的な資料を確認することにより、全体として合理的に判断することが必要であり、また、当該確認結果や根拠資料は、特例業務届出者等の社内記録として管理・保存することが必要とされている（金融庁「金融商品取引業者等向けの総合的な監督指針」（平成30年 7 月版、以下「金融商品取引業者等監督指針」という）IX － 1 － 1(1)①イ）。

第 2 章　ベンチャーキャピタルファンドに関連する法規制　39

号）

㉒　当該特例業務届出者の運用委託先（金融商品取引法施行令17条の12第
1項6号、金融商品取引業等府令233条の2第1項3号）

㉓　当該特例業務届出者の投資助言委託先（金融商品取引法施行令17条の
12第1項6号、金融商品取引業等府令233条の2第1項4号）

㉔　㉑〜㉓の役員・使用人（金融商品取引法施行令17条の12第1項6号、
金融商品取引業等府令233条の2第1項5号）

㉕　当該特例業務届出者（個人である者に限る）・⑳・㉒〜㉔の配偶者及
び三親等内の親族（金融商品取引法施行令17条の12第1項6号、金融商
品取引業等府令233条の2第1項6号）

(3)　適格機関投資家等の範囲（ベンチャーファンドの特例の利用）

　適格機関投資家等特例業務として自己募集・自己運用を行うファンドのう
ち、特にVCファンドについては、成長資金を供給する等の役割があること
や海外においても別途の扱いがなされている例があることから、下記①〜⑤
の要件（以下「ベンチャーファンドの要件」という）を充足したファンドにつ
いては、特例業務対象投資家の範囲を、金融商品取引法施行令17条の12第1
項各号に列挙される者（前述(2)参照）に加え、「投資に関する知識及び経験を
有するもの」（同条2項、金融商品取引業等府令233条の3各号）にまで拡張す
ることとし、当該拡張された特例業務対象投資家を相手方としてファンドの
自己募集・自己運用を行う特例業務届出者に対しては、ファンドの契約書の
写しの提出（金融商品取引法63条9項、金融商品取引法施行令17条の13の2）等
の追加の義務が課されることとなる（以下、当該制度を総称して「ベンチャー
ファンドの特例」という）。

　ベンチャーファンドの要件は、金融商品取引法施行令17条の12第2項各号
及び金融商品取引業等府令233条の4各項により、以下のとおり規定されて
いる。

①　出資者が出資・拠出した金銭等の総額から現金・預貯金の額を控除した

額の80％超を、株券・新株予約権証券・新株予約権付社債券（外国の者が発行するものを含み、投資をした時点において国内の金融商品取引所に上場されていないもの等に限る）に対して投資を行うものであること（金融商品取引法施行令17条の12第2項1号イ、金融商品取引業等府令233条の4第1項から3項まで）

② ファンドにおいて借入れ又は第三者の債務の保証をしないこと（ただし、短期（120日以内）の借入れもしくは債務保証又はファンドの投資先に対する債務保証（当該投資先への投資額を超えないもの）であって、当該借入れ及び債務保証の合計額がファンドの出資総額の15％を超えない場合は除く）（金融商品取引法施行令17条の12第2項1号ロ、金融商品取引業等府令233条の4第4項）

③ やむを得ない理由がある場合を除き、出資者がファンドの持分の払戻しを受けることができないこと（金融商品取引法施行令17条の12第2項2号）

④ ファンドの契約において、金融商品取引業等府令239条の2第1項各号に掲げる事項が定められていること（金融商品取引法施行令17条の12第2項3号、金融商品取引法63条9項）

⑤ ファンドの契約の締結までに、出資者に対し、当該ファンドが上記①〜④に掲げる要件に該当する旨を記載した書面を交付すること（金融商品取引法施行令17条の12第2項4号）

ベンチャーファンドの特例を利用することにより、ベンチャーファンドの要件を充足した投資事業有限責任組合については、特例業務対象投資家として出資することができる有限責任組合員の範囲を、「投資に関する知識及び経験を有するもの」（金融商品取引法施行令17条の12第2項、金融商品取引業等府令233条の3各号）にまで拡張することができる。具体的には、ファンドの持分の取得勧誘の相手方となる時点において、下記のいずれかに該当する者をいう。

① 上場会社又は資本金・純資産額が5000万円以上で有価証券報告書を提出している法人の役員（金融商品取引業等府令233条の3第1号、2号）

② 投資性金融資産が1億円以上と見込まれるファンドの業務執行組合

員である法人の役員（同条3号）

③　過去5年以内に①又は②に該当していた者（同条4号）

④　過去5年以内に③又は④に該当するものとして、同一の特例業務届出者からファンドの持分を取得したことがある者（同条5号）

⑤　過去5年以内に投資性金融資産が1億円以上と見込まれるファンドの業務執行組合員である法人であった者（同条6号）

⑥　会社の役員・従業員・コンサルタント等として、会社の設立、募集株式・新株予約権の発行、新規事業の立上げ、経営戦略の作成、企業財務、投資業務、株主総会又は取締役会の運営、M&A又はIPO（発行株式の新規上場）に関する実務を、過去5年以内に1年以上従事していた者[13]（同条7号）

⑦　過去5年以内に、有価証券届出書（新規上場時のもの）の上位50名までの株主として記載されている者（同条8号）

⑧　過去5年以内に、有価証券届出書（新規上場時以外のもの）又は有価証券報告書の上位10名までの株主として記載されている者（同条9号）

⑨　認定経営革新等支援機関（同条10号）

⑩　上記①～④及び⑥～⑨のいずれかに該当する個人が支配する会社等（同条11号）

⑪　上記①～⑨のいずれかに該当する会社等の子会社等又は関連会社等（同条12号）

　上記のとおり、ベンチャーファンドの特例を利用して、特例業務対象投資家の範囲を拡張してファンドの自己募集・自己運用を行う特例業務届出者は、ファンドの契約（投資事業有限責任組合契約）に金融商品取引業等府令

13　当該要件の確認方法については、これに該当することが外形的に明らかな場合を除き、当該投資家が従事した当時に所属した会社等が作成した職歴証明書の提出を求めること等により、当該投資家が従事した業務の内容等を十分に確認し、当該確認結果・根拠資料を管理・保存することが必要とされている（金融商品取引業者等監督指針Ⅸ－1－1⑴①ロ）。

239条の2第1項各号に掲げる事項を定め、当該契約書の写しを所管金融庁長官等に提出することが必要となる（金融商品取引法63条9項、金融商品取引法施行令17条の13の2）。金融商品取引業等府令239条の2第1項各号に掲げる各事項は、平成22年版モデル契約に準拠して作成されることを前提とした項目とされている。そのため、本契約例に準拠して投資事業有限責任組合契約書が作成されることにより、金融商品取引業等府令239条の2第1項各号で定める事項は、当該組合契約書に含まれるものと考えられる（下記参照）。

①組合の名称（2条（14頁））、②組合の事業の内容（5条（16頁））、③組合の営業所の所在地（3条1項（14頁））、④無限責任組合員及び有限責任組合員の名称等（4条1項（15頁）、別紙1（89頁））、⑤組合員の出資金額（8条2項（19頁）、別紙1（89頁））、⑥組合の存続期間（6条（17頁））、⑦組合の事業年度（23条1項（48頁））、⑧組合の事業年度ごとに会計監査を受ける旨（24条1項（48頁））、⑨無限責任組合員が有限責任組合員に対して財務諸表等・監査報告書の写しを提供する旨（24条1項（48頁））、⑩組合の事業年度終了後に組合員集会を開催する旨（16条1項（33頁））、⑪無限責任組合員が投資を行う場合に、その投資内容を有限責任組合員に書面通知する旨（21条8項（44頁））、⑫有限責任組合員の一定数の同意により、無限責任組合員を解任できる旨（39条1項（72頁））、⑬有限責任組合員の全員の同意により、新たな無限責任組合員を選任できる旨（36条3項（68頁））、⑭組合契約の変更（軽微な変更を除く）に有限責任組合員の一定数の同意を要する旨（54条1項（86頁））
※丸枠内の数字が金融商品取引業等府令239条の2第1項の号数、カッコ内の規定が本契約例中の対応条文。

ベンチャーファンドの特例を利用して、特例業務対象投資家の範囲を拡張してファンドの自己募集・自己運用を行う特例業務届出者は、契約書の写しの提出（金融商品取引法63条9項）に加え、適格機関投資家等特例業務の届出書に、当該ファンドについて特例業務対象投資家の拡張を行う旨（金融商品

取引業等府令238条2号ホ、3号ホ）と、当該ファンドの会計監査を行う公認
会計士又は監査法人の名称等（同条2号へ、3号へ）を記載することが必要
となる。さらに、当該特例業務届出者は、会計監査が行われた当該ファンド
の財務諸表等及び監査報告書の写しを、事業報告書へ添付して所管金融庁長
官等に提出することが必要となる（同府令246条の3第1項、別紙様式21号の
2・注意事項24）。

⑷　適格機関投資家等特例業務のその他の要件（不適格投資家等）

　適格機関投資家等特例業務の主たる要件となる「適格機関投資家等」の範
囲については、前述⑵及び⑶で述べたとおりであるが、適格機関投資家等特
例業務の要件を満たすためには、そのほかに、以下の要件も充足する必要が
ある。

① 　有限責任組合員に不適格投資家（金融商品取引法63条1項1号イないし
ハ。後述）が含まれないこと（同項1号、2号）

② 　適格機関投資家である有限責任組合員の全てが投資事業有限責任組合
（運用総額から借入総額を控除した金額が5億円以上であると見込まれるものを
除く）でないこと（金融商品取引法63条1項1号、2号、金融商品取引業等府
令234条の2第1項1号、2項1号）

③ 　特例業務届出者の密接関係者の一部[14]及びベンチャーファンドの特例に
より拡張された範囲の投資家[15]による出資額が、投資事業有限責任組合へ
の出資総額の50％以上でないこと（金融商品取引法63条1項1号、2号、金
融商品取引業等府令234条の2第1項2号、2項2号）

④ 　（自己募集についてのみ）投資事業有限責任組合契約等に、適格機関投資
家である有限責任組合員の持分を適格機関投資家に譲渡する場合以外の譲
渡が禁止される旨の制限が付されていること（金融商品取引法63条1項1

14　具体的には、金融商品取引業等府令233条の2第1項2号（ただし、親会社等は除
く）〜6号に規定する者（本書39頁〜40頁枠囲み内の㉑（親会社等除く）〜㉕に該当す
る者）。

15　金融商品取引業等府令233条の3各号に規定する者（本書41頁〜42頁枠囲み内①〜⑪
に該当する者）。

44

号、金融商品取引法施行令17条の12第4項1号）

⑤ （自己募集についてのみ）(i)投資事業有限責任組合契約等に、特例業務対象投資家である有限責任組合員の持分を一括して他の適格機関投資家又は特例業務投資家に譲渡する場合以外の譲渡が禁止される旨の制限が付されていること、及び、(ii)特例業務対象投資家である有限責任組合員の人数が、過去6カ月以内に発行された同種の新規発行権利に係る特例業務対象投資家の人数と合わせて49名以下であること（金融商品取引法63条1項1号、金融商品取引法施行令17条の12第4項2号）

上記①の「不適格投資家」の範囲は以下のとおりである。

(i) その発行する資産対応証券を適格機関投資家以外の者が取得している特定目的会社（金融商品取引法63条1項1号イ）

(ii) 匿名組合契約で、適格機関投資家以外の者を匿名組合員とするものの営業者（金融商品取引法63条1項1号ロ）

(iii) その社債券、株券、新株予約券証券、コマーシャルペーパー、合同会社等の社員権（これらについて、外国の者が発行するものを含む）を適格機関投資家以外の者が取得している特別目的会社（金融商品取引法63条1項1号ハ、金融商品取引業等府令235条1号）

(iv) 適格機関投資家以外の者から出資等を受けている他の集団投資スキーム（以下「親ファンド」という。また、親ファンドから出資を行うファンドを以下「子ファンド」という）の運用者。ただし、以下のものは除く

(a) 親ファンドが投資事業有限責任組合又は有限責任事業組合（又はこれらに類する外国のファンド）であって、親ファンドに係る適格機関投資家以外の投資家数と子ファンドに係る適格機関投資家以外の投資家数の合計数が49名以下である場合

(b) 親ファンドの運用者と子ファンドの運用者が同一であり、親ファンドに係る適格機関投資家以外の投資家数と子ファンドに係る適格機関投資家以外の投資家数の合計数が49名以下である場合

また、上記①〜⑤の要件の他に、金融商品取引法は、適格機関投資家等特

例業務として取得勧誘及び組合財産の運用を行うファンドに出資する適格機関投資家が「特例業務届出者の子会社等である適格機関投資家のみであることその他の事情を勘案して」適格機関投資家等特例業務を適切に行っていないと認められる状況にある場合（金融商品取引業等府令123条1項30号）、「業務の運営の状況が公益に反し、又は投資者の保護に支障を生ずるおそれがあるもの」として、金融商品取引法63条11項、40条2号に違反するものと規定している。

　これは、適格機関投資家等特例業務が、本来、適格機関投資家が出資を行って、自己のために当該ファンドに関与することで、ファンドの運用状況等の適正性がある程度確保されることが期待されることから定められた要件とされる。当該要件の該当性については、個別事例に応じて実態的に判断されるが、例えば、適格機関投資家の出資額や出資割合が著しく低くなっている場合に、適格機関投資家が、特例業務届出者からほとんど実体のない業務に対する対価として報酬を受け取ることや、特例業務届出者の子会社等や関連会社等で実体のないものとなっていること等によって、実際には適格機関投資家として取得又は保有していないと実質的に評価しうるような状況等が挙げられている（金融商品取引業者等監督指針Ⅸ−1−2(1)②）。したがって、単に適格機関投資家が特例業務届出者の子会社等のみであることのみをもって、当該規定に違反するわけではないと考えられている（平成28年2月3日付パブリックコメント356〜363番）。

(5)　特例業務届出者に適用される行為規制

　特例業務届出者に適用される金融商品取引法上の行為規制については、当初は限定的なもの（虚偽告知の禁止（金融商品取引法38条1号）及び損失補てん等の禁止（同法39条）のみ）にすぎなかったが、平成27年金融商品取引法改正により、その範囲が下記のとおり拡張されている（同法63条11項）。

　誠実義務（金融商品取引法36条1項）、名義貸しの禁止（同法36条の3）、※広告等の規制（同法37条）、※契約締結前の書面の交付（同法37条の

３）、※契約締結時等の書面の交付（同法37条の４）、虚偽告知・断定的判断の提供・その他内閣府令で定める行為の禁止（同法38条１号、２号、９号）、損失補てん等の禁止（同法39条）、※適合性の原則（同法40条１号）、内閣府令で定める業務運営状況の禁止（同条２号）、分別管理が確保されていない場合の売買等の禁止（同法40条の３）、金銭の流用が行われている場合の募集等の禁止（同法40条の３の２）、忠実義務・善管注意義務（同法42条）、運用における禁止行為（同法42条の２）、分別管理（同法42条の４）、※運用報告書の交付（同法42条の７）

（冒頭に※印が付された義務については、当該行為の相手方が特定投資家である場合には適用が除外される（同法45条各号、運用報告書の交付義務に係る適用除外は金融商品取引業等府令134条５項４号）。詳細については後記(6)参照。）

　しかし、特例業務届出者が自己運用を行うファンドがベンチャーファンドの要件を充足している場合には、当該行為規制のうち、①運用財産相互間取引禁止（金融商品取引法42条の２第２号）の適用要件の緩和（金融商品取引業等府令129条１項３号、４号）、②運用報告書（金融商品取引法42条の７）の記載事項のうち、金融商品取引行為の相手方の名称等の省略（金融商品取引業等府令134条１項３号ハ）、及び③運用財産報告書の対象期間の１年の延長（同条３項２号）について、規制の緩和が認められている。なお、ベンチャーファンドの要件を充足するファンドについて、特例業務対象投資家の範囲の拡張を目的とせず、当該行為規制の緩和の効果のみを享受しようとする特例業務届出者については、金融商品取引法63条９項に基づくファンドの契約書の写しの提出等の追加義務（上記(3)参照）が課されることはない。

(6)　特定投資家制度（一部の行為規制の適用除外）

　上記(5)に記載のとおり、平成27年金融商品取引法改正により、特例業務届出者に対しても、金融商品取引業者等に適用される行為義務の一部が適用されるが、金融商品取引業者等における場合と同様に、一部の行為規制につい

第2章　ベンチャーキャピタルファンドに関連する法規制　47

ては、当該行為の相手方が特定投資家であれば、その適用は除外される（金融商品取引法63条11項、45条各号、金融商品取引業等府令134条5項4号参照）。

「特定投資家」は金融商品取引法2条31項各号において定義されており、①適格機関投資家、②国、③日本銀行、及び④投資者保護基金その他の内閣府令で定める法人が該当する。④については(i)特殊法人・独立行政法人等（定義府令23条1号）、(ii)投資者保護基金（同条2号）、(iii)預金保険機構（同条3号）、(iv)農水産業協同組合貯金保険機構（同条4号）、(v)保険契約者保護機構（同条5号）、(vi)特定目的会社（同条6号）、(vii)上場会社（同条7号）、(viii)資本金5億円以上であると見込まれる株式会社（同条8号）、(ix)金融商品取引業者又は特例業務届出者たる法人（同条9号）、及び(x)外国法人（同条10号）が該当する。④の範囲が「法人」に限定されていることから、個人の投資家は、その者が適格機関投資家に該当しない限り、原則として特定投資家には含まれない（個人が適格機関投資家となるためには、通常、有価証券の残高が10億円以上あり、かつ、証券口座を開設して1年を経過している者であって、所管金融庁長官等に届出を行う必要がある（定義府令10条1項24号イ））。

もっとも、特定投資家のうち、上記④の定義府令23条各号に掲げる法人については、特例業務届出者に対して、自己を特定投資家以外の者（以下「非特定投資家」という）として取り扱うよう申し出ることができる（いわゆる「アマ成り」）。アマ成りの手続については、金融商品取引法34条の2において規定されている。アマ成りが行われることにより、特例業務届出者は、当該投資家に対しても、特定投資家に対する適用除外が認められる行為規制を履行する必要がある。

他方、非特定投資家である法人、及び非特定投資家である個人のうち、純資産額及び投資性金融資産の額が3億円以上と見込まれ、かつ、証券口座を開設して1年を経過している者（金融商品取引業等府令62条）については、特例業務届出者に対して、自己を特定投資家として取り扱うよう申し出ることができる（いわゆる「プロ成り」）。プロ成りの手続については、法人については金融商品取引法34条の3、個人については同法34条の4において規定されている。プロ成りの手続が行われることにより、特例業務届出者は、当該

投資家に対して、特定投資家に対する適用除外が認められる行為規制を履行する必要がなくなる。

上記(2)及び(3)で述べたとおり、「特例業務対象投資家」は、適格機関投資家等特例業務として自己募集・自己運用を行うファンドに対して出資することができる適格機関投資家以外の者の範囲を画する定義であるのに対し、「特定投資家」は、特例業務届出者に適用される金融商品取引法上の行為規制の適用除外の有無を画する定義であり、両者は全く異なる概念である。また、両者の範囲は必ずしも一致又は一方が他方に包含されるといった関係ではなく、さらに、特例業務対象投資家については、ベンチャーファンドの特例を利用することにより、他方、特定投資家については、上記のアマ成り・プロ成りの制度により、それぞれその範囲が変動しうる。

適格機関投資家等特例業務として投資事業有限責任組合の組合持分の募集及び組合財産の運用を行う無限責任組合員は、以上の適格機関投資家等特例業務制度及び特定投資家制度を理解した上で、どの範囲の投資家から有限責任組合員として本組合へ出資することを受け入れるかについて、慎重に検討する必要がある。

第 3 章

投資事業有限責任組合の形態による
ベンチャーキャピタルファンド
契約の留意点

1 総　　論

　投資事業有限責任組合のかたちでファンドを組成する場合、投資事業有限責任組合契約の締結が必要となるが（投資事業有限責任組合契約に関する法律（以下「有限責任組合法」という）2条2項）、契約書の作成にあたっては、2010年11月に経済産業省より公表された「投資事業有限責任組合モデル契約」（以下「平成22年版モデル契約」という）が広く活用されている。もっとも、平成22年版モデル契約はベンチャーキャピタルファンド（以下「VCファンド」という）を含むプライベートエクイティファンド（以下「PEファンド」という）を広く対象として作成されたものであり、必ずしもVCファンドの実務には沿わない規定等があった。さらに公表後約8年が経過し、その間に国際的な実務慣行や国内外の制度等の変化もあったことから、2018年3月、近年の実務慣行や制度変化をふまえ、VCファンドでの活用を想定した「投資事業有限責任組合契約（例）及びその解説」（以下「本契約例」という）が公表された。

　そこで本章では、投資事業有限責任組合の形態によるVCファンドの契約実務について、本契約例をベースとして、平成22年版モデル契約からの主要な変更点にも言及しつつ解説を試みることとする。また、本書では巻末に平成22年版モデル契約と本契約例の条項の比較対照表を掲載しているため、適宜参照されたい。

　なお、もちろん平成22年版モデル契約や本契約例によらない独自の契約様式を用いるファンド運用事業者も存在するが、他方で投資家側が一定の様式の契約書や特定の条項の規定を求める場合もある。例えば、独立行政法人中小企業基盤整備機構（以下「中小機構」という）は、起業支援ファンド出資事業又は中小企業成長支援ファンド出資事業として投資事業有限責任組合に出資する際に独自の出資の要件を定めており[1]、中小機構が有限責任組合員としてファンドに参加する場合、投資事業有限責任組合契約においてもこれに沿った条項を設けることが求められる。

また、機関投資家からの出資を促進するべくわが国のベンチャーキャピタリストの間でも参照される機会が増えてきているものとして、機関投資家の国際団体であるInstitutional Limited Partners Association（ILPA）が、パートナーシップ型ファンドにおけるGeneral Partner（以下「GP」という）とLimited Partner（以下「LP」という）との間の議論を活性化させることを目的として、2011年1月に公表した「Private Equity Principles version 2.0」（以下「ILPA原則」という）[2]がある。本契約例の作成にあたっては、ILPA原則も意識しつつ議論が行われ、本契約例の参考資料としてその概要が添付されているので適宜参照されたい。もっとも、ILPA原則は、もともとLPたる機関投資家の立場からのベスト・プラクティスの提示であり、必ずしも契約条件の標準としてGPとLPの双方が合意すべき内容を示すものではない。

　なお、本契約例では、巻末に、参考資料として「ILPA Private Equity Principles version 2.0の概説」と題し、ILPA原則があげる具体的な対応方針の項目ごとに、本契約例に対応する条文を参照条文として付記しているが（108頁～110頁）、本契約例の各条項がILPA原則の提示する内容を反映したものになっていることを意味するわけではない点に留意が必要である。

　実際の契約においては、ILPA原則の提示する基本理念を目指しつつ、個々のファンドの実情に応じた無限責任組合員と有限責任組合員の対話・交渉が行われることが望ましいと考えられる。

　本章では、このような観点にも必要に応じて触れることとする。

1　中小企業基盤整備機構「起業支援ファンド出資事業の主な要件」（2017年5月1日）http://www.smrj.go.jp/doc/supporter/kigyoshien170501.pdf、中小企業基盤整備機構「中小企業成長支援ファンド出資事業の主な要件」（2017年5月1日）http://www.smrj.go.jp/doc/supporter/seityoshienyouken170501.pdf
2　https://ilpa.org/wp-content/uploads/2015/07/ILPA-Private-Equity-Principles-version-2.pdf

2 出　資

⑴　総　論

　投資事業有限責任組合においては、事業に使用するための資金を組合員が出資することになる。各組合員による出資の約束は投資事業有限責任組合の成立要件であり（有限責任組合法3条1項）、投資事業有限責任組合契約書には出資1口の金額を記載しなければならない（有限責任組合法3条2項5号、なお、有限責任組合法6条3項は、持分計算の便宜のため、出資一口の金額が均一であることを求めている[3]）。また、一口以上の出資は組合員の義務とされている（有限責任組合法6条1項）。したがって、投資事業有限責任組合契約においては、出資一口の金額のほか、各組合員が当該金額以上の資金を組合に払い込むこと及びその方法を定める必要がある。本契約例では、第2章（8条〜12条（19頁〜27頁））にこれらの規定が置かれている。

　なお、ここで出資が義務づけられる組合員には、有限責任組合員のみならず無限責任組合員も含まれる。また、民法上の組合においては、組合員による出資は労務をその目的とすることができるが（民法667条2項）、投資事業有限責任組合の場合はそのような労務出資は許されず、全ての組合員は金銭その他の財産を出資しなければならない（有限責任組合法6条2項）。したがって、無限責任組合員による組合業務の執行（有限責任組合法7条1項、後記⑶参照）は出資となり得ず、無限責任組合員も一定の財産的な負担を分担する必要がある。これは、無限責任組合員による組合に対する利益相反行為を防止するための規制であり[4]、有限責任組合員にとっては、無限責任組合員に対する投資パフォーマンス向上のインセンティブ付与という面でも重要

3　経済産業省経済産業政策局産業組織課編「投資事業有限責任組合契約に関する法律【逐条解説】」（2005年6月1日改訂）45頁、http://www.meti.go.jp/policy/economy/keiei_innovation/sangyokinyu/pdf/konmen.pdf

4　経済産業省経済産業政策局産業組織課編・前掲注3・44頁

な意味を有する。ILPA原則でも、GPが投資リスクを負って自らファンドに出資することが、LPとGPとの間の利害の一致（Alignment of Interest）に最も資するとされている（ILPA原則4頁、6頁）。

　こうした利害の一致に向けた工夫をさらに推し進めたものとして、投資事業有限責任組合契約において、無限責任組合員が有する出資口数の合計について、総有限責任組合員の出資口数の総数の一定割合を維持することを義務づける条項が規定される場合がある。特に、中小機構は、起業支援ファンド出資事業又は中小企業成長支援ファンド出資事業として投資事業有限責任組合に出資する際、無限責任組合員が出資約束金額総額の1％（中小機構、無限責任組合員及びその関係会社等以外の適格機関投資家が出資していない場合は、10％）以上を自ら出資することを出資の要件として求めている[5]。本契約例では、8条2項後段（19頁）において、カッコ付きでそのような条項の例が示されている。

(2)　出資の方法

　組合員による出資の払込方法は、大きく分けると、①組合組成時に全額を一括して払い込む方法（一括払込方式）と、②出資約束金額の範囲内で、無限責任組合員の要請があった場合に順次払い込む方法が存在する。なお、②の無限責任組合員の要請は「キャピタル・コール」と呼ばれ、②の方法自体を「キャピタル・コール方式」と呼ぶこともある。

　VCファンドを含むPEファンドにおいては、ファンド内の余剰資金の滞留を防ぎ、内部収益率（IRR）を向上させるため、②のキャピタル・コール方式を採用することが一般的であり、本契約例8条4項（19頁）でも、平成22年版モデル契約から引き続き、キャピタル・コール方式が採用されている。もっとも、運用資産の規模その他の経済的実情に鑑み、一括払込方式を採用するVCファンドもある。なお、中小機構は、起業支援ファンド出資事業又

5　中小企業基盤整備機構「起業支援ファンド出資事業の主な要件」・前掲注1・3頁、中小企業基盤整備機構「中小企業成長支援ファンド出資事業の主な要件」・前掲注1・3頁

は中小企業成長支援ファンド出資事業として投資事業有限責任組合に出資する際、中小機構の出資約束金額が10億円以下の場合に限り、一括払込方式を認めている[6]。

　一括払込方式を採用する場合、本契約例の8条2項以下（19頁〜20頁）にかえ、例えば以下のように規定することが考えられる（この場合、「出資約束金額」と「出資履行金額（・出資未履行金額）」の区別が不要になる等の理由から、本契約例のその他の規定にも所要の変更を行う必要がある）。

　2．組合員は、[　　]年[　　]月[　　]日までに、別紙1記載の
　　当該組合員の口数に出資一口の額を乗じた合計金額全額を組合口座に
　　振込送金して払い込むものとする。

　一方、キャピタル・コール方式を採用する場合、(i)特定の投資案件の実行のつど、当該投資に必要な金額に限りキャピタル・コールを許す方法をとるか、(ii)特定の投資案件を前提とせずに、出資約束金額の枠内であれば、無限責任組合員の判断によりキャピタル・コールを行うことができる方法をとるかにより、バリエーションが生じうる。平成22年版モデル契約8条4項、6項及び7項（12頁）は(i)の方法を採用した場合の規定例となっているが、VCファンドでは、1つの投資案件における投資金額が必ずしも大きくなく、また、投資検討から実際の投資までを極めて短期間で行うこともあることから、(ii)の方法を採用することも多い。本契約例8条4項（19頁）は、(ii)の方法を採用した場合の規定例となっている（なお、平成22年版モデル契約8条6項及び7項（12頁）では、無限責任組合員が、組合費用や管理報酬に充当する目的でキャピタル・コールを行うことができることが明記されているが、(ii)の方法を採用する場合は、出資金の使途を特定せずにキャピタル・コールを行うことができることが前提となるので、組合費用や管理報酬に充当する目的を別途明

6　中小企業基盤整備機構「起業支援ファンド出資事業の主な要件」・前掲注1・1頁、中小企業基盤整備機構「中小企業成長支援ファンド出資事業の主な要件」・前掲注1・1頁

記する必要はない。本契約例では、こうした目的を明記する条項は規定されていない）。

　ただし、VCファンドのなかでも、少額の出資を繰り返すのは煩雑であるため、1回のキャピタル・コールで出資すべき金額を出資約束金額の一定割合というかたちで指定することもあり、この場合、本契約例の8条4項（19頁）にかえ、例えば以下のように規定することが考えられる。

　4．組合員は、出資約束期間[7]中、出資未履行金額[8]の範囲内で、無限
　　責任組合員からの［　　］日前までの書面による通知（以下「追加出
　　資請求通知」といい、追加出資請求通知による出資請求を「追加出資請
　　求」という。）に従い、無限責任組合員が指定した日までに、無限責任
　　組合員が指定する金額（ただし、出資約束金額の［　　］％を単位とす
　　る。）を組合口座に振込送金して払い込むものとする。

　また、ファンド内の余剰資金の滞留を防ぐことができるというキャピタル・コール方式のメリットを活かすため、一定の金額まで出資金を使用した場合に限り、次のキャピタル・コールを可能としているケースもあり、この場合、本契約例の8条4項（19頁）にかえ、例えば以下のように規定することが考えられる。

　4．組合員は、出資約束期間中、総組合員の出資履行金額[9]の合計額の
　　［　　］％以上が本組合の事業において費消された場合には、出資未
　　履行金額の範囲内で、無限責任組合員からの［　　］日前までの書面
　　による通知（以下「追加出資請求通知」といい、追加出資請求通知による
　　出資請求を「追加出資請求」という。）に従い、無限責任組合員が指定

7　後記(4)参照。
8　出資約束金額のうちいまだ払込みをしていない金額（本契約例1条1項（9頁））。
9　出資約束金額のうち出資の履行として本組合に現実に払い込んだ金額の総額（本契約例1条1項（9頁））。

第3章　投資事業有限責任組合の形態によるベンチャーキャピタルファンド契約の留意点　57

した日までに、無限責任組合員が指定する金額につき、各組合員がその出資約束金額に応じて按分した額を組合口座に振込送金して払い込むものとする。

⑶　免除・除外規定

　海外のリミテッド・パートナーシップ（以下「海外ファンド」という）で規定されることがある契約条項として、特定の投資案件を目的とするキャピタル・コールに対して、有限責任組合員が出資の履行を免除（Excuse）され、又は、GPが特定のLPを出資の履行から除外（Exclusion）する規定（免除・除外規定）が存在し、平成22年版モデル契約では9条（16頁～17頁）にこの規定が置かれている。

　免除・除外規定が置かれる場合、組合員ごとに出資約束金額に占める出資未履行金額の割合が異なりうるため、出資約束金額をベースにキャピタル・コールを行うと、最終的に出資約束金額全額を使い果たした組合員と使い果たしていない組合員が併存する事態が生じうる。したがって、全組合員が出資未履行金額の全額を使い果たすことができるようにするため、出資未履行金額をベースにキャピタル・コールを行うものとすることを検討する必要がある（平成22年版モデル契約8条4項（12頁）参照）。

　また、免除・除外規定が置かれる場合、投資案件ごとに出資を行った組合員の構成が異なりうるために、投資案件に帰属する組合損益については当該投資案件に参加した組合員に対してのみ分配するものとすることを検討する必要がある（平成22年版モデル契約29条2項～4項（44頁～46頁）参照）。

　免除・除外規定は、このような特別な考慮を要求する一方、海外ファンドにおいて実際に発動することはまれであるという指摘もある。さらに、前記⑵のとおり、VCファンドでは、特定の投資案件を前提としてキャピタル・コールを実施しないことが多いため、免除・除外規定は通常機能しない。本契約例でも、免除・除外規定は置かれず、8条の解説（21頁）で言及されるにとどまっている。

⑷　出資約束期間

　投資事業有限責任組合においては、民法上の組合と異なり（民法678条参照）、組合の債権者に対する責任財産充実の観点から、各組合員はやむを得ない場合にしか脱退できないものとされているため（有限責任組合法11条）、投資事業有限責任組合契約は必ず有期契約であることを要すると解されている[10]。組合の存続期間は投資事業有限責任組合契約書の必要的記載事項であり（有限責任組合法3条2項7号）、本契約例では、6条2項（17頁）において定められている。なお、中小機構は、起業支援ファンド出資事業又は中小企業成長支援ファンド出資事業として投資事業有限責任組合に出資する場合の要件として、組合の存続期間を12年以内とすることを求めている[11]。また、組合の存続期間は延長することも可能であるが、追加的な管理報酬の発生や組合財産の分配の遅延等により不利益を被るおそれのある有限責任組合員が、延長に条件や上限を付すことを求める場合もある。ILPA原則では、諮問委員会又はLPの過半数の承認により、1年間ずつの延長のみが認められるべきとされており（ILPA原則5頁）、中小機構も、起業支援ファンド出資事業又は中小企業成長支援ファンド出資事業として投資事業有限責任組合に出資する際、組合員間の合意を条件とする3年以内の延長のみを認めている[12]。

　一方、VCファンドが主たる目的とする非上場株式等に対する投資は、投下資本の回収に相当な期間を要するのが通常である。そのような実態をふまえ、投資事業有限責任組合のなかには、存続期間を二分し、キャピタル・コール及びそれに応じて払い込まれた資金の新規投資案件への投資は原則と

10　経済産業省経済産業政策局産業組織課編・前掲注3・36頁
11　中小企業基盤整備機構「起業支援ファンド出資事業の主な要件」・前掲注1・2頁、
　　中小企業基盤整備機構「中小企業成長支援ファンド出資事業の主な要件」・前掲注1・
　　2頁
12　中小企業基盤整備機構「起業支援ファンド出資事業の主な要件」・前掲注1・2頁、
　　中小企業基盤整備機構「中小企業成長支援ファンド出資事業の主な要件」・前掲注1・
　　2頁

して最初の期間でのみ行うことができるものとしているケースがある。この場合の最初の期間は、出資約束期間（Commitment Period）又は投資案件への投資が可能な期間という側面から、投資期間（Investment Period）と呼ばれることが多い。

　本契約例では、1条（9頁）において出資約束期間が定義されており、8条4項（19頁）及び21条3項本文（44頁）において、出資約束期間中はキャピタル・コール及び新規投資案件への投資が可能とされる。他方、出資約束期間経過後は、21条3項ただし書（44頁）において、①既存投資先への追加投資（Follow-on Investment）及び②投資に向けられた一定行為（株式売買契約の締結等）が出資約束期間内に既に行われていた場合の当該投資（Follow-up Investment）のみが認められ、また、8条5項（19頁）において、①Follow-on Investmentを目的とする場合、②Follow-up Investmentを完了するために必要とされる場合及び③組合費用又は管理報酬への充当を目的とする場合にのみキャピタル・コールを行うことが認められている。

　出資約束期間経過後の例外的なキャピタル・コールに関しては、本契約例の規定が唯一の定め方というわけではなく、例えば、①Follow-on Investmentについては出資約束期間経過後一定年数に限る、②Follow-up Investmentについては契約書、基本協定書等を締結した場合に限る等、より例外の範囲を狭くする方法も考えられる。回収可能性の低い投資を可及的に避ける観点から、特に有限責任組合員にとっては重要である。この場合、本契約例の8条5項1号及び2号（19頁）にかえ、例えば以下のように規定することが考えられる（また、21条3項（44頁）においても、同様の限定を加える必要がある）。

---

①　投資先事業者等に対する追加的なポートフォリオ投資を目的として、出資約束期間満了後［　　］年以内に追加出資請求が行われる場合

②　出資約束期間満了前に本組合がポートフォリオ投資又はその準備行為に関して投資先事業者等との間で契約書、基本協定書その他の書面

による合意をしていた場合において、当該ポートフォリオ投資を完了するために必要とされる場合

なお、特に国内のVCファンドにおいては、個々の投資案件の規模が比較的小さく、ファンド組成後ある程度時間が経過してから新規に投資することや、追加投資を複数回にわたって行う必要が生じることも多いため、そもそも出資約束期間や投資期間を設けないこともある。

(5)　キーパーソン条項

前記(4)で出資約束期間を設ける場合、無限責任組合員の役員・従業員のうち特定の者（キーパーソン、本契約例では「主要担当者」と定義されている）の全部又は一部が組合財産の運用に実質的に関与しなくなったことを出資約束期間の中断及び早期終了に結びつける条項を規定する例がある。そのような条項は「キーパーソン条項」（Key-person Provisions）又は「キーマン条項」（Key-man Provisions）と呼ばれ、特定のキーパーソンがファンド運営に関与することを期待して有限責任組合員が当該ファンドに出資する場合に規定される。ILPA原則でも、LPがファンドへの投資を行うにあたって投資チームの構成が重要な考慮要素となることから、キーパーソン条項が発動した場合には投資期間は自動的に中断するものとし[13]、また、キーパーソン条項の発動を含む投資チームのいかなる変更についてもLPへの報告等を求めることにより、LPが投資判断を再検討できるようにすべきとされている（ILPA原則7頁）。もっとも、無限責任組合員における社内やグループ会社との間の人事異動により担当者の変更が頻繁に生じるファンドにおいては、キーパーソン条項を設けるのは現実的でなく、その他無限責任組合員が有する人的経営資源やトラックレコード及びそれらに対する有限責任組合員の信頼の大小等によっても、キーパーソン条項の規定の要否は左右されるものと考えられる。

13　180日以内に契約で定められた一定割合の持分を有するLPが投資期間の再開を同意しなければ、投資期間を終了させるとされている（ILPA原則7頁）。

本契約例では、9条（23頁）にキーパーソン条項（「主要担当者事由」と定義されている）が規定されている。同条では、主要担当者事由が生じた場合には自動的に出資約束期間は中断し（1項）、一定割合の持分を有する有限責任組合員の承認を得るか、又は、一定割合の持分を有する有限責任組合員の同意を得て後任の主要担当者が選任されることにより、出資約束期間の中断が解除されない限り、中断後一定期間経過により出資約束期間は終了するものと規定されている（2項、3項）。

　なお、キーパーソン条項発動の効果については、出資約束期間の中断及び早期終了に限る必然性はなく、例えば、組合の解散に結びつける建付けも考えられる。また、キーパーソンを複数の階層に分け、最も重要なキーパーソンと他の層のキーパーソンとでキーパーソン条項の発動要件及び効果を異なるものとする（例えば、AないしDの4名の主要担当者のうち、最も重要な役割を担うAについては、Aの脱退自体を主要担当者事由とし、BないしDの3名については、そのうち過半数が脱退することを主要担当者事由とする等）というアレンジも可能である。

⑹　No Fault Divorce条項

　ILPA原則では、前記⑸のキーパーソン条項のほか、持分の3分の2を有するLPの決定により、GPの帰責事由を要件とせずに出資約束期間の中断及び早期終了を可能とする規定が認められるべきとされている（ILPA原則9頁）。このように、GPの帰責事由を要件とせず、一定割合の持分を有するLPの同意のみにより、出資約束期間の中断・終了、GPの解任・除名等を認める条項は、No Fault Divorce条項等と呼ばれる。

　もっとも、投資事業有限責任組合契約にこのような効果を生じさせる条項を規定するか否か、また無限責任組合員になんらの非もない場合にこのような条項を実際に発動させるか否かは、有限責任組合員においても投資先事業者等への影響を考慮し慎重に検討することが必要となるものと思われる。本契約例では、有限責任組合員の全員一致を解散事由とする42条1項5号（74頁）を除き、No Fault Divorceを認める条項は特段規定されていない。

62

(7) 出資約束金額の減額

　国内のVCファンドにおいては、組成日から一定期間経過時点において、出資約束金額総額に対して一定割合以上の投資が進んでいない場合に、有限責任組合員による出資約束金額の減額請求を認める条項を規定する例がある。特に、中小機構は、起業支援ファンド出資事業又は中小企業成長支援ファンド出資事業として投資事業有限責任組合に出資する際、投資期間（投資期間の定めがない場合は、組合存続期間の２分の１経過後）において投資総額が出資約束金額総額の60％を超えない場合には、組合員間の合意の上で、当該投資総額、当該事業年度末までの新規投資予定額（投資実行及び投資金額が決定している案件に係るものに限る）、追加投資予定額及び管理報酬その他の費用の合計金額まで、出資約束金額を引き下げることができることを、出資の要件として求めている[14]。

　本契約例では、10条（24頁）において、効力発生日から一定期間経過時点で、出資約束金額総額に対する投資総額の割合が一定の数値を超えていない場合に、無限責任組合員がその旨を有限責任組合員に通知するものとされ（１項）、その後一定割合の持分を有する有限責任組合員から出資約束金額の減額請求を受けた場合には、無限責任組合員において減額の可否を決定するものとされている（２項、３項）。このような定め方以外に、無限責任組合員に減額の可否の決定権を残さず、一定割合の有限責任組合員からの請求があった場合には、無限責任組合員に減額義務を課すという構成も考えられる。もっとも、この場合、無限責任組合員と有限責任組合員との間の権利義務関係の調整を図るため、減額請求の要件を、「出資約束金額総額に対する投資総額の割合が一定の数値を超えていない場合」ではなく、「出資約束金額総額に対する投資総額及び投資予定額の合計額の割合が一定の数値を超えていない場合」として、減額請求が可能な場面を限定するケースもある。

14　中小企業基盤整備機構「起業支援ファンド出資事業の主な要件」・前掲注１・１頁～２頁、中小企業基盤整備機構「中小企業成長支援ファンド出資事業の主な要件」・前掲注１・１頁～２頁

無限責任組合員に減額義務を課す一方で、減額請求の要件を厳格化する場合、本契約例の10条（24頁）にかえ、例えば以下のように規定することが考えられる。

1．効力発生日から［　　］年を経過した日の属する事業年度末において、総組合員の出資約束金額の合計額に対する投資総額及び当該事業年度末までの新規投資予定額（投資実行及び投資金額が決定している案件に係るものに限る）の合計額の割合が［　　］％を超えていない場合、無限責任組合員は有限責任組合員に対し、当該事業年度の末日から［　　］カ月以内にその旨を書面により通知するものとする。

2．前項の通知がなされた場合、総有限責任組合員の出資口数の合計の［　　］分の［　　］以上に相当する出資口数を有する有限責任組合員は、無限責任組合員に対し、当該事業年度の末日から［　　］カ月以内に限り、書面により出資約束金額の減額を請求することができる。

3．有限責任組合員から前項に規定される請求がなされた場合、無限責任組合員は、本契約期間の残存期間における投資予定額及び管理報酬の総額ならびに既発生の費用の額及び将来発生することが予想される費用の見積額等の諸事情を勘案の上、総有限責任組合員の出資口数の合計の［　　］分の［　　］以上に相当する出資口数を有する有限責任組合員の同意を得て、減額後の出資約束金額及び減額の効力発生時期を決定する。

---

(8)　出資の不履行

　組合員の出資義務に関しては、その不履行が生じた場合の取扱いも検討する必要がある。

　金銭を出資の目的とした場合を前提とすると、出資義務の履行を怠った組合員は、組合に対し、利息を支払うほか、不履行によって生じた損害の賠償

をしなければならないのが原則である（有限責任組合法16条、民法669条）。これは、通常の金銭債務の不履行については、法定利息又は約定利息の金額の大きいほうをもって損害賠償額とされるところ（民法415条前段、419条1項）、組合契約における金銭出資の重要性に鑑み、組合財産の充実を図るため、利息額以上に損害が生じた場合にはその損害も賠償されなければならないとしたものである[15]。本契約例では、12条1項（26頁）において、「利息」に当たる遅延損害金の料率を定めている（この定めがなければ法定利率によることになる）ほか、12条2項（26頁）において、遅延損害金以外に組合又は他の組合員に生じた損害の賠償義務を規定している。

　投資事業有限責任組合契約においては、出資義務の不履行を防ぐため、上記のような損害賠償に関する規定にとどまらず、意図的に厳しい制裁を規定することが多い。本契約例では、12条5項（26頁）において、組合における意思決定に係る議決権の停止（1号）、将来の投資への参加拒否（2号、本契約例のような定めのほか、出資約束金額の減額という方法で事実上投資への参加ができない状況を作出することも考えられる）、分配金の没収（3号）、組合財産の分配比率の削減（4号、100％削減、すなわち分配比率を0にするということも少なくない）という制裁が規定されている。また、38条1項1号（71頁）及び39条1項1号（72頁）では、出資義務を含む支払義務の不履行を、一定割合の有限責任組合員の同意又は意思決定を条件とする除名事由としているが、さらに厳格に無条件の除名事由とすることも考えられる。その他の制裁規定としては、諮問委員会の委員としての資格の剥奪、組合持分の無償での没収、組合持分の他の組合員への強制譲渡（12条解説（27頁））といった例があげられる。

　なお、民法上の組合契約においては、一部の組合員に出資義務の不履行が生じた場合でも、他の組合員が同時履行の抗弁権（民法533条）を主張して自らの出資義務の履行を拒絶することはできないと解されており（2017年6月2日公布の民法の一部を改正する法律（平成29年法律第44号）の施行に伴い明文

15　経済産業省経済産業政策局産業組織課編・前掲注3・76頁

化される予定である。なお、本法律の施行予定日は2020年４月１日である）、本契約例の12条３項（26頁）でもこの点が確認されている。

また、特に特定の投資案件を前提としてキャピタル・コールを行うファンドにおいては、出資義務の不履行があった場合、不履行相当額の資金をあらためて調達する方法を検討しておく必要がある。本契約例では、12条４項（26頁）において、不履行を起こした有限責任組合員以外の有限責任組合員に対して追加の出資を請求できるものとしているが、特定の投資案件を前提とせずにキャピタル・コールを行うことができるファンドの場合は、このような規定を必ず置かなければならないものではない。

3 ガバナンス

(1) 総　　論

投資事業有限責任組合のガバナンスに関しては、投資事業有限責任組合契約において、無限責任組合員及び有限責任組合員の権限、義務及び責任をどのように規定するかによって設計されることになる。

(2) 無限責任組合員の権限

有限責任組合法７条１項において、投資事業有限責任組合の業務は無限責任組合員が執行するものとされている。これを受けて、本契約例13条１項（27頁～28頁）において、無限責任組合員が決定し、執行し、裁判上及び裁判外において投資事業有限責任組合を代表する業務として、①組合財産の運用、管理及び処分、②投資証券等に関する議決権その他組合財産に係る権利の行使、③投資先事業者に対する経営又は技術の指導、④本組合の業務上必要な弁護士、公認会計士、税理士、鑑定人、アドバイザーその他の専門家の選任、ならびに、これらの者への相談及び業務委託、⑤組合財産の分配及び組合持分の払戻しに関する事項、⑥会計帳簿及び記録の作成及び保管等本組

合の会計に関する事務、⑦本組合の事業に関し発生した本組合の負担すべき費用、経費及び報酬等債務の支払に関する事項、ならびに、⑧その他本組合の事業の目的の達成のために必要ないっさいの事項が列挙されている。

無限責任組合員が業務を外部に委託することの可否についても、投資事業有限責任組合契約に規定することとなる。本契約例においては、原則的には無限責任組合員自らが業務執行を行う義務（自己執行義務）を負っているとしつつ、13条4項（28頁）において、別途明記されている場合には組合の業務を第三者に委任することを許容することとされている。

(3) 組合財産の運用

a 投資ガイドライン

投資事業有限責任組合は、組合員から出資を受けた金銭を運用し、当該運用から生じた利益を組合員に分配するものであるから、組合財産の運用方法は投資事業有限責任組合契約の重要な要素であり、可能な限り明確に規定しておくことが望ましいと考えられる。有限責任組合員の立場からすれば、無限責任組合員による投資活動を規律し、過度なリスク負担を回避するために有益であるほか、組合員の共同事業性を担保する上でも好ましいものである。VCファンドにおいては、組合財産の運用方法の方針として、投資手法、同一の投資先事業者等に対する投資の限度額、投資先事業者の業態等を定める投資ガイドラインが設定されることが一般的である。本契約例においては、21条1項（43頁）において、別紙で定める投資ガイドラインに従った運用を行う旨を規定している。

なお、中小機構は、起業支援ファンド及び中小企業成長支援ファンドの出資要件として、投資総額の一定割合を、独立行政法人中小企業基盤整備機構法2条1項各号に定める中小企業者に投資すること等の、投資対象に関する制限を設けている[16]。

---

16 中小企業基盤整備機構「起業支援ファンド出資事業の主な要件」・前掲注1・1頁、中小企業基盤整備機構「中小企業成長支援ファンド出資事業の主な要件」・前掲注1・1頁

b　ベンチャーファンドの要件による投資の制限

　適格機関投資家等特例業務におけるベンチャーファンドの要件の1つとして、出資者が出資又は拠出した金銭等の総額から内閣府令で定める現金・預貯金の額を控除した額の80%超につき、非上場の株券等に対して投資を行うものであることが求められる（金融商品取引法施行令17条の12第2項1号イ）。そのため、ベンチャーファンドの要件を利用する場合には、投資事業有限責任組合契約において、総組合員の出資履行金額の合計額から現金及び預貯金の合計額を控除した額の100分の80を超える額につき、金融商品取引法施行令17条の12第2項1号イに規定する有価証券に対してポートフォリオ投資を行う旨を規定する必要がある。本契約例においては、21条2項（43頁～44頁）でかかる旨を定めているが、投資ガイドラインにおいて定めることも考えられる。

　金融商品取引法施行令17条の12第2項1号イの要件における割合の計算の分母は、総組合員の出資履行金額の合計額から本組合の現金及び預貯金の合計額を控除した額となる。現金及び預貯金の合計額について控除を認めるのは、VCファンドにおいては、必ずしも特定の投資案件の存在を前提として組合員から出資を受け、当該出資金をすぐにポートフォリオ投資に充てるわけではないことや、管理報酬その他の組合の費用の支払のために、組合員から出資を受けた金銭の一部を現金及び預貯金のまま保有し支出する必要があること等から、このような金額については割合の計算の対象から除外することが適当であることによると考えられる。

　次に、金融商品取引法施行令17条の12第2項1号イの要件における割合の計算の分子は、本組合が保有する同号イに規定する有価証券の合計額となる。同号イに規定する有価証券とは、株券・新株予約権・新株予約権付社債（外国会社により発行されたものも含む。以下「株券等」という）であって、当該株券等に投資を行う時点において、①当該株券等の発行者が発行する有価証券、②当該株券等の発行者（会社法上の大会社に限る）の親会社等が発行する有価証券、及び③当該株券等の発行者の子会社等が発行する有価証券の全てが、国内外の金融商品取引所に上場又は店頭売買有価証券として登録され

ていないものをいう（金融商品取引業等府令233条の４第２項、３項）。なお、
②において、会社法上の大会社に限定されている理由は、VCファンドのな
かには、例えば上場会社等の一事業部分を切り離して独立させ、そこに投資
を行う、いわゆるスピンアウトベンチャーに対する投資を行う者もあること
から、ファンドが取得する有価証券の発行者の親会社が上場会社等であって
も、当該発行者が大会社でない場合には、割合の計算の対象に含めるのが適
当であるためである。また、国内外の金融商品取引所に上場又は店頭売買有
価証券として登録されているか否かの判断は、当該株券等を本組合が取得す
る時点を基準とすることになるため、例えば、本組合が投資を行った時点に
おいて非上場であった投資先事業者が、投資後に上場した場合であっても、
その株式については、割合の計算の対象から除外されることはない。

なお、上記要件は、無限責任組合員が本組合の組合財産の運用を行う期間
中、常に満たさなければならない点には留意が必要である。

c　投資委員会

VCファンドにおいては、実際の投資判断を行うにあたって、無限責任組
合員の役員・従業員等から構成される投資委員会が開催され、その結果に
よって投資を実行するか否かが決定されることが一般的である。投資委員会
は無限責任組合員の内部的な組織であるとして、投資事業有限責任組合契約
上はこれに関する規定が設けられないことも少なくない。

無限責任組合員の役員・従業員のうち特定の者がファンド運営に関与する
ことを期待して有限責任組合員がファンドに出資するような場合に、投資委
員会のメンバーを指定した上で、キーパーソン条項と関連づけた規定を置く
例もみられる。

なお、中小機構は、起業支援ファンド及び中小企業成長支援ファンドの出
資要件として、中小機構が投資委員会にオブザーバーとして参加できること
を要求しているため[17]、中小機構の出資が予定されている場合には留意が必

17　中小企業基盤整備機構「起業支援ファンド出資事業の主な要件」・前掲注１・３頁、
中小企業基盤整備機構「中小企業成長支援ファンド出資事業の主な要件」・前掲注１・
３頁

要である。

本契約例においては、投資委員会に関する規定は特に置かれていない。

(4) 借入れ・担保提供

組合による金銭の借入れ及び第三者の債務の保証については、有限責任組合法上禁止されるものではないが、VCファンドにおいてこれらを行うことは一般的ではないとされている。なお、中小機構は、起業支援ファンド及び中小企業成長支援ファンドの出資要件として、組合における資金の借入れは原則として行わないことを求めている[18]。

また、ベンチャーファンドの要件の1つとして、原則として、ファンドにおいて借入れ又は第三者の債務の保証をしないことが求められる（金融商品取引法施行令17条の12第2項1号ロ）。もっとも、弁済期限が120日を超えない借入れ、保証期間が120日を超えない債務保証又は投資先に対する債務保証（当該投資先への投資額を超えない範囲のもの）については、借入れの額と保証債務の額の合計が出資履行金額の15％を超えない範囲であれば、例外的にベンチャーファンドの要件を満たすものとされている（金融商品取引法施行令17条の12第2項1号ロ、金融商品取引業等府令233条の4第4項）。

本契約例は、投資事業有限責任組合がベンチャーファンドの要件（第2章5(3)参照）を充足することを前提としていることから、13条2項（28頁）において、原則として借入れ又は債務保証を禁止した上で、金融商品取引業等府令233条の4第4項の要件を満たす借入れ又は債務保証について例外的に許容している。

また、組合財産の担保提供については、上記借入れ又は債務保証と異なり、ベンチャーファンドの要件との関係では法令上の制限はない。しかし、担保提供も組合財産に重大な影響を及ぼす可能性があること、組合財産の担保提供は通常、組合による借入れ又は債務保証の信用補完として行われるこ

18　中小企業基盤整備機構「起業支援ファンド出資事業の主な要件」・前掲注1・5頁、中小企業基盤整備機構「中小企業成長支援ファンド出資事業の主な要件」・前掲注1・5頁

とから、借入れ又は債務保証と関連づけて制限を設けることも考えられる。本契約例13条 3 項（28頁）は、組合財産の担保提供は、13条 2 項ただし書で認められる借入れ又は債務保証に関連する範囲において認められる旨を規定している。

(5)　募集・運用の委託

　本契約例は、無限責任組合員が適格機関投資家等特例業務の届出を行い、組合持分の取得勧誘（自己募集）及び組合財産の運用（自己運用）を行うことを前提として作成されている。しかし、仮に、無限責任組合員が、組合持分の取得勧誘については第二種金融商品取引業の登録を受けた金融商品取引業者に委託し（金融商品取引法 2 条 8 項 9 号）、組合財産の運用行為については、「金融商品取引法第二条に規定する定義に関する内閣府令（平成 5 年大蔵省令第14号）」（以下「定義府令」という）16条 1 項10号所定の要件を充足するかたちで、投資運用業の登録を受けた金融商品取引業者との間で投資一任契約（金融商品取引法 2 条 8 項12号ロ）を締結し、組合財産の運用を行う権限の全部を当該金融商品取引業者に委託すれば（同項、金融商品取引法施行令 1 条の 8 の 6 第 1 項 4 号）、当該無限責任組合員は組合持分の取得勧誘及び組合財産の運用のいずれについても行うものではないとして、適格機関投資家等特例業務の届出を行うことなく投資事業有限責任組合の無限責任組合員となることが可能である。定義府令16条 1 項10号所定の要件を充足するためには、投資事業有限責任組合契約において、①金融商品取引業者に運用権限を全部委託する旨、当該金融商品取引業者の名称、投資一任契約の概要及び当該投資一任契約に係る報酬の額又は計算方法、②当該金融商品取引業者が有限責任組合員に対して忠実義務及び善管注意義務を負うこと、③当該金融商品取引業者が、原則として自己取引等又は運用財産相互間取引（(6) c において詳述する）をできないこと、についての定めを設ける必要がある点に留意が必要である。

第 3 章　投資事業有限責任組合の形態によるベンチャーキャピタルファンド契約の留意点　71

⑹ 利益相反

a 利益相反についての総論

無限責任組合員は、有限責任組合法上、組合の業務執行について善管注意義務を負うほか（有限責任組合法16条、民法671条、644条）、適格機関投資家等特例業務として投資事業有限責任組合の組合財産の運用を行う場合には、金融商品取引法に基づく有限責任組合員に対する善管注意義務（同法63条11項、42条2項）及び忠実義務を負うこととされている（同法63条11項、42条1項）。

また、平成27年金融商品取引法改正により、無限責任組合員が適格機関投資家等特例業務として又は投資運用業登録を受けて組合財産の運用を行う場合の自己取引等の禁止や運用財産相互間取引の禁止が法定された。そのため、無限責任組合員と有限責任組合員の利益が相反する場面について、投資事業有限責任組合契約において、具体的に規定しておく必要がある。

b 他のファンドの運営

無限責任組合員が本組合の管理及び運営以外に他のファンドの管理及び運営に従事することになると、本組合と他のファンドとの間で利害が対立する状況が生じるおそれがある。例えば、無限責任組合員がある投資案件を得た場合、いずれの組合からどれだけ出資するかという投資機会の分配の問題が生じ、有限責任組合員においては、他のファンドの利益を優先し、自己が出資する組合に不利益な分配がなされるのではないかという懸念が生じる。また、無限責任組合員が複数のファンドの管理及び運営を行う場合、無限責任組合員の資源・時間が本組合の運営に集中的に投下されず、十分なリターンが確保できない結果になるのではないかという危惧が生じる。

かかる懸念又は危惧に対する手当としては、一定の段階までは無限責任組合員は他のファンドを組成して投資事業を行うことはできなくなると規定することが考えられる。他方、無限責任組合員が、ファンドの組成・運営を行うことを事業としており、複数の投資事業有限責任組合を組成し、各投資事業有限責任組合の無限責任組合員として、同時期に、各投資事業有限責任組

合について投資運用行為を行うことを前提としているような場合には、一般的に同種又は類似の事業を目的とするファンドの組成を禁止することは適切ではないと考えられるため、他のファンドの運営を制限する規定を設けるか否か、仮に設ける場合にどのような制限を設けるか、について検討が必要となる。

　本契約例17条2項（34頁）は、①投資総額ならびに組合費用及び管理報酬に充てられた出資履行金額の合計額が、出資約束金額の合計額に対して一定の割合に達するまで、又は、②遅くとも出資約束期間が満了するまでは、諮問委員会の委員の一定数又は一定の出資口数を有する有限責任組合員の承認を得ることなく、無限責任組合員が、本組合の事業と同種又は類似の事業を行うことや、新たにそのような事業を行うファンド（承継ファンド）の管理・運営を行うこと等を認めない旨を規定している。もっとも、本契約例17条3項（34頁）において、無限責任組合員が、既存ファンド（本組合の効力発生前に設立された本組合の事業と同種又は類似の事業を行うファンド）の管理・運営を行うことや本組合が事業目的として掲げない内容の投資を行うファンドの運営に従事することは例外として許容することとされている。なお、本契約例17条4項（34頁）は、本組合と既存ファンド・承継ファンド間での投資機会の分配については、無限責任組合員の裁量に基づき適当と判断するところに従って行う旨を規定している。当該規定は、投資機会の分配方法について、あくまで無限責任組合員の善管注意義務や忠実義務の範囲内で行うことを確認的に規定しているにすぎないが、より具体的な分配方法（例えば、各ファンドの出資履行金額をベースとした按分比例を原則とする等）を組合契約で規定することも考えられる。

　なお、ILPA原則では、GPは、当該ファンドの投資期間が終了するまで、又は、十分に投資等が行われるまでは、当該ファンドと実質的に同種の投資目的や投資戦略をもつファンドを設立し、その運用を行うべきではないこと、GPは、当該ファンドにとって適切な投資機会については、当該ファンド設立前に開示された共同投資に関する取決めに従った一定の割合で分配されない限り、他のファンドを通じて当該投資を行ってはならないこと等を掲

げている（ILPA原則 6 頁）。

c　無限責任組合員又はその関係者との取引

　無限責任組合員が適格機関投資家等特例業務として又は投資運用業登録を受けて組合財産の運用を行う場合には、忠実義務及び善管注意義務（金融商品取引法42条 1 項、 2 項）の具体的な内容として、①自己取引等（無限責任組合員が自己又はその取締役もしくは執行役が相手方となって、組合財産との間で取引を行うこと）及び②運用財産相互間取引（無限責任組合員が投資運用を行う複数の組合財産等との間で取引を行うこと）が原則として禁止される（金融商品取引法63条11項、42条の 2 第 1 号、 2 号。取締役・執行役以外の無限責任組合員の役員又は使用人との間の取引の禁止については、同条 7 号、金融商品取引業等府令130条 1 項 1 号）。

　また、無限責任組合員が、自己取引等又は運用財産相互間取引以外の方法により、自己又は第三者のために本組合と取引する場合についても、利益相反となりうることから、一定の取引条件を規定することや、取引にあたって一定の承認手続を経ることを要する旨を規定することも考えられる。

(a)　自己取引等の禁止の例外

　自己取引等の禁止については、金融商品取引法63条11項、42条の 2 ただし書、金融商品取引業等府令128条各号において一定の適用除外事由が規定されている（なお、取締役・執行役以外の無限責任組合員の役員又は使用人との間の取引の禁止についても、金融商品取引業等府令128条各号に掲げる適用除外事由が準用されるかたちとなっている（同府令130条 1 項 1 号カッコ書参照））。

　金融商品取引業等府令128条 2 号では、自己取引等の禁止が例外的に許容されるための要件として、①全ての有限責任組合員に対して当該自己取引等の内容及び当該取引を行おうとする理由の説明（以下「取引説明」という）を行った上で、②当該全ての有限責任組合員の同意を得て、③同号ロに規定するいずれかの取引を行うことを求めている。しかし、②の全ての有限責任組合員の同意を得ることができない場合であっても、②'総有限責任組合員の半数以上であって、かつ、総有限責任組合員の出資口数の合計の 4 分の 3 以上に相当する出資口数を有する有限責任組合員の同意を得ること（なお、契

約においてこれらを上回る割合を定めることができる）及び②"当該同意をしない有限責任組合員が取引説明を受けてから20日以内に請求した場合には、当該行為を行った日から60日を経過する日までに組合持分を公正な価額で買い取る旨（以下「組合持分買取請求権」という）を投資事業有限責任組合契約において定めている場合には、当該手続を行うことで足りる（同号イ(1)、(2)）。なお、上記③の要件は、類型的に取引価額の透明性・公正性が担保されると認められる取引に限定するための要件であるが、VCファンドにおける組合財産を主に構成する未上場の株式等の売買については、「前日の公表されている最終の価額に基づき算出した価額又はこれに準ずるものとして合理的な方法により算出した価額により行う取引」であることが必要である（同号ロ(3)）。「合理的な方法により算出した価額」とは、価額算定が恣意的なものではなく、商品属性に応じ、適切な市場慣行に従った合理的な算定根拠に基づく価額を意味すると考えられ、未上場の株式等の売買については、第三者評価機関の評価に基づき算出した価額はこれに該当するものと考えられている[19]。

また、金融商品取引業等府令128条3号では、当該自己取引等が、投資家の保護に欠け、もしくは取引の公正を害し、又は金融商品取引業の信用を失墜させるおそれがないものとして所管金融庁長官等の承認を受けた場合には、自己取引等の禁止の例外に該当するものとされている。

(b) 運用財産相互間取引の禁止の例外

運用財産相互間取引の禁止については、金融商品取引法63条11項、42条の2ただし書、金融商品取引業等府令129条1項各号において一定の適用除外事由が規定されている。

金融商品取引業等府令129条1項1号では、当該運用財産相互間取引が、例えば、無限責任組合員が投資運用を行う1つの投資事業有限責任組合の運用を終了させるために行う取引である場合や（同号イ(1)）、無限責任組合員が投資運用を行う双方の組合財産等について、運用の方針、運用財産の額及

---

19 金融庁「『金融商品取引法制に関する政令案・内閣府令案等』に対するパブリックコメントの結果等について」（2007年7月31日）13番、14番参照。

び市場の状況に照らして取引を行うことが必要かつ合理的と認められる場合（同号イ(4)）において、公正な価額により対象有価証券売買取引等を行う場合には、運用財産相互間取引の禁止の例外に該当する旨を規定している。なお、「対象有価証券売買取引等」とは、金融商品取引所に上場されている有価証券の売買等、類型的に取引価格の公正性が確保されていると認められているものに限定されており、未上場の株式等の売買はこれに含まれず、同号の例外規定は利用できない点に留意が必要である。

次に、金融商品取引業等府令129条1項2号では、自己取引等の禁止の例外に係る同府令128条2号と同様に、当該運用財産相互間取引が、①全ての有限責任組合員に対して取引説明を行った上で、②当該全ての有限責任組合員の同意を得て、③同府令129条1項2号ロに規定するいずれかの取引を行う場合を、例外として許容している。しかし、②の全ての有限責任組合員の同意を得ることができない場合であっても、②'総有限責任組合員の半数以上であって、かつ、総有限責任組合員の出資口数の合計の4分の3以上に相当する出資口数を有する有限責任組合員の同意を得ること（なお、本契約においてこれらを上回る割合を定めることができる）及び②"当該同意をしない有限責任組合員に対して組合持分買取請求権を認める旨を投資事業有限責任組合契約において定めている場合には、当該手続を行うことで足りる（同号イ(1)、(2)）。しかし、未上場の株式等の売買については、第三者評価機関の評価に基づき算定した価額等の、合理的な方法により算出した価額により行う取引でなければならない点については、自己取引等の禁止の例外と同様である。

金融商品取引業等府令129条1項3号及び4号では、適格機関投資家等特例業務としてベンチャーファンドの要件を充足する組合の組合財産の運用を行う無限責任組合員については、当該運用財産相互間取引が、①双方の組合の有限責任組合員に対して取引説明（取引価額の算出方法を含む）を行った上で、②当該有限責任組合員の出資口数の合計の3分の2（本契約においてこれらを上回る割合を定めることができる）以上に相当する出資口数を有する有限責任組合員の同意を得て（同項3号イ、4号イ）、③同項3号ロ又は4号ロ

に規定するいずれかの取引を行う場合を、その例外としている。ここでは、金融商品取引業等府令129条1項2号の例外と異なり、当該運用財産相互間取引に反対した有限責任組合員に対して組合持分買取請求権を認める必要がなく、さらに、「対象有価証券売買取引等」に該当しない未上場の株式等の売買について、合理的な方法により算出した価額により行う取引でなければならないとする要件が除外されている（同項4号ロ）。当該規定を利用することにより、適格機関投資家等特例業務としてベンチャー・ファンドの要件を充足する組合間で行われる取引については、相当程度柔軟に行うことが可能になるが、その場合でも、無限責任組合員は、自らの忠実義務・善管注意義務（金融商品取引法63条11項、42条）に抵触しないように組合財産の運用を行う必要がある。実務上は、第三者評価機関の評価までは取得しないとしても、可能な場合には相見積を取得することが望ましいと考えられる。

　また、金融商品取引業等府令129条1項5号では、自己取引等の禁止の例外に係る同府令128条3号と同様に、当該運用財産相互間取引が、投資家の保護に欠け、もしくは取引の公正を害し、又は、金融商品取引業の信用を失墜させるおそれがないものとして所管金融庁長官等の承認を受けた場合には、運用財産相互間取引の禁止の例外に該当するものとされている。

(c)　本契約例における規定

　本契約例では、17条6項（34頁〜35頁）において無限責任組合員による自己取引等及び運用財産相互間取引を原則として禁止した上で、金融商品取引業等府令128条2号又は3号に基づく自己取引等の禁止の例外を本契約例17条7項（35頁）に、金融商品取引業等府令129条1項1号ないし5号に基づく運用財産相互間取引の禁止の例外を本契約例17条8項（35頁）にてそれぞれ規定している。

　また、無限責任組合員が、自己取引等又は運用財産相互間取引以外の方法により、自己又は第三者のために本組合と取引する場合については、本契約例17条6項（34頁〜35頁）において原則としてこれを禁止した上で、諮問委員会又は有限責任組合員に意見陳述又は助言の提供の機会を与えた場合には、当該取引を行うことができることとされている。

⑺　有限責任組合員の権限等

a　有限責任組合員の権限

　有限責任組合法上、有限責任組合員に組合の業務を執行する権限を有する組合員であると誤認させるような行為があった場合には、当該有限責任組合員は、その誤認に基づき投資事業有限責任組合と取引をした者に対し無限責任組合員と同一の責任を負うこととされているため（有限責任組合法9条3項）、投資事業有限責任組合契約においてかかる誤認が生じることのないように有限責任組合員の権限を明確化しておくことが望ましいと考えられる。本契約例15条1項（30頁）は、有限責任組合員は、本組合の業務を執行し、又は、本組合を代表する権限をいっさい有しないものと規定している。

b　議決権保有規制

　株式投資を主目的とする投資事業有限責任組合において、有限責任組合員が銀行又は保険会社である場合には、①投資事業有限責任組合による投資先会社の株式保有、及び、②投資事業有限責任組合からの当該株式による分配（いわゆる現物配当）に関し、私的独占の禁止及び公正取引の確保に関する法律（以下「独占禁止法」という）及び銀行法又は保険業法上の議決権保有規制への抵触が問題となる。

　独占禁止法は、銀行又は保険会社が他の国内の会社の議決権をその総株主の議決権の5％を超えて取得又は保有することを禁止している（独占禁止法11条1項本文）。もっとも、銀行又は保険会社が投資事業有限責任組合の有限責任組合員となり、組合財産として株式を取得し又は所有することにより議決権を取得又は保有する場合には、かかる議決権保有規制は適用されない（同項4号本文）。ただし、この適用除外規定は、①有限責任組合員が議決権を行使することができる場合、②議決権の行使について有限責任組合員が無限責任組合員に指図を行うことができる場合、及び③議決権を保有することとなった日から10年間[20]を超えて当該議決権を保有する場合には、適用されない（同項4号ただし書）。また、銀行法及び保険業法においても、銀行又は保険会社に係る上記独占禁止法上の議決権保有規制と同趣旨の制限及びその

除外規定が定められている（銀行法16条の４第１項、９項、２条11項、銀行法施行規則１条の３第１項３号、保険業法107条１項、９項、２条15項、保険業法施行規則１条の３第１項３号）。

　本契約例においては、投資証券等に関する議決権の行使は、13条１項２号（27頁～28頁）にて無限責任組合員の業務執行権限とされているほか、15条２項（30頁）では有限責任組合員が無限責任組合員に対し議決権の行使につき指図を行うことができないこととされている。また、有限責任組合員のいずれかが本契約例13条１項２号の規定に反し投資証券等について議決権を行使した場合には、有限責任組合法７条４項の追認禁止規定が及ばないため、有限責任組合法上は追認が可能であることに鑑み、本契約例15条２項において、有限責任組合員のいずれかが13条の規定に反し投資証券等について議決権を行使した場合には、他の組合員は当該議決権の行使を追認することができないと規定されている。

c　組合員集会

　組合員集会は、投資事業有限責任組合において必要的な機関ではないが、無限責任組合員による業務執行の状況についての報告の場として、また、組合員による組合の運営についての意見交換の場として、多くの投資事業有限責任組合において設置されている。

　組合員集会の開催頻度については、毎年一回、定期の組合員集会を開催するものとし、必要に応じて臨時の組合員集会を開催できることとすることが一般的である。本契約例16条（33頁）は、この点について規定している（なお、ベンチャーファンドの要件の１つとしても、ファンドの契約において、ファンドの事業年度終了後相当の期間内に、出資者を招集して、出資者に対し出資対象事業の運営及び財産の運用状況を報告する旨を定めることが必要とされている（金融商品取引法施行令17条の12第２項３号、金融商品取引法63条９項、金融商品

20　ただし、公正取引委員会は、キャピタルゲインを得ることを目的とした当面の期間の議決権の保有であると認められること等一定の要件を満たす場合には、独占禁止法11条１項ただし書に基づき個別に認可することにより、当該期間を超えて議決権の保有を例外的に認めることを公表している（「独占禁止法第11条の規定による銀行又は保険会社の議決権の保有等の認可についての考え方」（2014年４月１日改定）第１の３）。

取引業等府令239条の2第1項10号))。

d 諮問委員会

諮問委員会は、法律の規定に基づく機関ではないが、無限責任組合員による業務執行をモニタリングすること等を目的として、投資事業有限責任組合契約において設置されることがある任意の機関である。アドバイザリー・コミッティー又はアドバイザリー・ボードその他の名称で呼ばれることもある。

諮問委員会の構成員については、投資事業有限責任組合ごとにさまざまであるが、出資約束金額が一定額以上の有限責任組合員から選任されることが一般的である。このことについては本契約例18条3項（39頁）を参照されたい。

また、諮問委員会の権限については、例えば、無限責任組合員に対し、本組合の業務執行につき、意見具申をし助言提供を行う機関とするほか、無限責任組合員による利益相反行為についての承認権限を有する機関とすること等が考えられる。

本契約例においては18条5項（40頁）にて、諮問委員会は、無限責任組合員に対する助言と、利益相反行為の承認又は意見陳述もしくは助言の提供を担う機関とされている。具体的には、無限責任組合員の利益相反行為のうち、①17条2項（34頁）において、無限責任組合員が本組合の事業と同種又は類似の事業を行うこと等について、諮問委員会の委員の一定数が承認することを例外要件とし、また、②17条9項（35頁）において、無限責任組合員が自己又は第三者のために本組合と取引をすること（ただし、17条6項1号及び2号（34頁～35頁）に規定されている自己取引等及び運用財産相互間取引については、金融商品取引法上の例外要件（上記(6)c(a)及び(b)参照）に準じた要件が同条7項及び8項に規定されているため、除外されている）について、諮問委員会は事前に意見陳述又は助言の提供の機会を与えられた場合にはこれを行うことができる旨が規定されている。

諮問委員会の権限については、上記のような利益相反取引の承認等のほかに、現物分配が行われる場合等における有価証券（主に非上場の有価証券）

の評価額の決定や、投資ガイドラインに定められた事項以外の活動を無限責任組合員が行う場合の承認等を、諮問委員会の決定に委ねるケースがある。もっとも、諮問委員会にこのような権限を付与することにより、有限責任組合法7条1項に違反して有限責任組合員が自ら組合の業務の決定及び執行を行うことにならないようにすることや、外国有限責任組合員が含まれる場合には、後述7(1)の税法上の業務執行承認に該当しないように留意する必要がある。

なお、ILPA原則では、効果的なアドバイザリー委員会（Limited Partner Advisory Committee、以下「LPAC」という）を置くことによりLPは組合契約上の義務を果たすことができ、GPに対して適切に助言（アドバイス）を与えることができるとし（ILPA原則7頁参照）、別添（Appendix A）として、LPACの構成や運営方法等に関するベスト・プラクティスが提示されている。

e　その他の有限責任組合員の権限

有限責任組合員は、基本的には組合の運営に関与しないが、組合の運営を監視するために、財務書類等の閲覧・謄写を行う権限、組合の財産状況及び無限責任組合員による業務執行状況の監査権限、無限責任組合員に対する質問権限等の情報獲得手段を与えられることが一般的である。本契約例においても、15条3項ないし5項（30頁～31頁）で、有限責任組合員にこれらの権限が与えられている。

また、有限責任組合員に対する情報提供として、無限責任組合員に、事業年度ごとに財務諸表等を提供すること、投資を実行する場合に当該投資の内容を通知すること、分配を行う場合に当該分配の内容を通知すること等を義務づけることが一般的である。本契約例においては、24条1項（48頁）、21条8項（44頁）及び28条7項（54頁）にこれらの情報提供についての定めがある。

これらの情報提供のうち、投資を実行する場合の投資内容の通知については、ベンチャーファンドの要件の1つとして、無限責任組合員が投資を行う場合にその投資内容を有限責任組合員に書面通知する旨を組合契約に記載することが求められている点に留意が必要である（金融商品取引法施行令17条の

12第 2 項 3 号、金融商品取引業等府令239条の 2 第 1 項11号)。

4 会 計

⑴ 財務諸表等の作成

　投資事業有限責任組合においては、毎事業年度経過後 3 カ月以内に、当該事業年度の貸借対照表、損益計算書及び業務報告書ならびにこれらの附属明細書を作成し、事務所に備え置くこと(有限責任組合法 8 条 1 項)、及び、公認会計士又は監査法人の意見書をあわせて備え置くこと(同条 2 項)が求められている。本契約例においては、かかる法律上の要求をさらに進め、事業年度経過後 3 カ月以内に、財務諸表等を作成し、備え置くこと(本契約例24条 7 項(49頁))に加え、監査人の意見書の写しとともに組合員に送付すべき旨を規定している(本契約例24条 1 項(48頁)。なお、ベンチャーファンドの要件の 1 つとしても、ファンドの契約において、組合の事業年度ごとに会計監査を受ける旨及び無限責任組合員が有限責任組合員に対して財務諸表等・監査報告書の写しを提供する旨を定めることが必要とされている(金融商品取引法施行令17条の12第 2 項 3 号、金融商品取引法63条 9 項、金融商品取引業等府令239条の 2 第 1 項 8 号、 9 号))。

　また、報告の頻度については、事業年度ごとの報告のほかに、半期や四半期での非監査の財務諸表等を作成して報告することとする例もある。本契約例24条 3 項(48頁)は、事業年度の上半期終了後に、速やかに半期財務諸表等を作成し組合員へ送付する旨を規定しているが、報告の頻度や時期については、かかる開示に要する費用と組合員に対する開示の充実の必要性を検討して判断することとなる。なお、中小機構は、起業支援ファンド及び中小企業成長支援ファンドの出資要件として、組合の半期ごとの業務執行状況の報告を義務づけている[21]。

　本契約例では、財務諸表等の作成において、中小企業等投資事業有限責任

組合会計規則（平成10年企庁第2号、以下「組合会計規則」という）及び日本公認会計士協会により公表された「投資事業有限責任組合における会計上及び監査上の取扱い」（2007年3月15日業種別委員会実務指針第38号）に従う旨を規定しているが（24条1項（48頁））、企業会計基準委員会により公表された「金融商品に関する会計基準」（企業会計基準第10号）による例もある。

⑵　投資資産時価評価準則

　組合会計規則19条1号は、投資事業有限責任組合の附属明細書において、投資の明細及び投資の時価の明細を記載することとしており、同規則7条3項は、投資資産の時価評価方法は組合契約に定めるところによるとしている。本契約例では、別紙3において、平成22年版モデル契約でも採用された市場性及び客観的な事象に基づき投資資産の評価額を算定する方法（例1）に加え、VCファンドによる時価評価の実務指針として国際的に普及しているInternational Private Equity and Venture Capital Valuation Guidelines（以下「IPEVガイドライン」という）に準拠した公正価値を投資資産の評価額とする方法（例2）の2種類の時価評価方法を併記して提示するかたちとしている。例2の時価評価方法は、高水準の管理コストが求められる等の一定の負担が生じることから、例2の方法を選択することが困難なファンドも多いと考えられる。そのため、ファンドの実情に応じて適切な時価評価方法を選択することが必要となる。投資資産時価評価準則の詳細については第4章を参照されたい。

⑶　金融商品取引法上の運用報告書

　無限責任組合員が適格機関投資家等特例業務として又は投資運用業の登録を受けて組合財産の運用を行う場合には、運用資産について運用報告書を作成し、対象期間経過後遅滞なく、有限責任組合員に対して交付しなければな

21　中小企業基盤整備機構「起業支援ファンド出資事業の主な要件」・前掲注1・2頁、中小企業基盤整備機構「中小企業成長支援ファンド出資事業の主な要件」・前掲注1・2頁

らない（金融商品取引法63条11項、42条の7第1項、金融商品取引業等府令134条4項）。運用報告書の対象期間は原則として6カ月以内（半期ごと）とされているが、ベンチャーファンドの要件（第2章5(3)参照）を充足するファンドにおいては、ファンドの契約書に記載することにより、対象期間を1年（事業年度ごと）とすることができる（金融商品取引業等府令134条3項2号）。ベンチャーファンドの要件を充足することを前提として作成されている本契約例では、24条4項（48頁）において、対象期間を1年とすることを規定している。

　運用報告書に記載すべき事項については、金融商品取引業等府令134条1項各号に規定されている。このうち、無限責任組合員が適格機関投資家等特例業務として、ベンチャーファンドの要件を充足する組合の組合財産の運用を行う場合には、対象期間に行われた金融商品取引行為の相手方の名称等について、当該相手方の同意を得られない場合にはその名称等を記載しない旨を組合契約に記載した場合には、当該記載を省略することが可能である（同項3号ハ）。本契約例では、24条5項ただし書（48頁）においてその旨を規定している。

　運用報告書について、本契約例においては24条4項及び5項（48頁）に定めを置いているが、有限責任組合員が特定投資家である場合には、当該組合員に対して運用報告書の交付をする必要はないこととされていることから（金融商品取引法42条の7第1項ただし書、金融商品取引業等府令134条5項4号）、全有限責任組合員が特定投資家である場合には、24条4項及び5項（48頁）の規定は不要となる。

5 持分と分配

(1) 総　論

　投資事業有限責任組合においては、貸借対照表上の純資産額を超える組合

財産の分配の制限（有限責任組合法10条1項）を除き、組合員の合意により、損益配分の割合を含む組合財産の分配について自由に定めることができる（有限責任組合法16条、民法674条）。

本契約例では、28条（52頁〜54頁）において、投資事業有限責任組合の解散前に組合員及び脱退組合員に対して行われる組合財産の分配、時期、方法等について規定する。28条（52頁〜54頁）における分配は、金銭による分配を原則とするが、無限責任組合員が組合員の利益にかなうと合理的に判断した場合には、一定の条件のもと、現物分配も認められている。

平成22年版モデル契約からの主要な変更点は、①投資事業有限責任組合の収益のうち無限責任組合員が受領すべき部分について、無限責任組合員への成功報酬ではなく、無限責任組合員の持分に基づく分配として構成したこと、及び②分配の順序（ウォーターフォール）を国内のVCファンドの実務をふまえ、簡素化したことである。

⑵　無限責任組合員の持分に基づく分配

投資事業有限責任組合の収益のうち無限責任組合員が受領すべき部分について、大きく分けて、成功報酬として規定する場合と、無限責任組合員の組合持分に基づく分配として規定する場合とがある。海外のPEファンドのパートナーシップ契約では、パートナーシップの収益のうちGPに分配される部分をキャリード・インタレスト（Carried Interest）と呼び、GPへの分配として取り扱う例が多い。

本契約例28条4項（53頁〜54頁）においては、このような海外の事例を参考に、投資事業有限責任組合の収益の分配方法について、無限責任組合員・有限責任組合員間での組合持分（必ずしも出資割合に比例するものではない。本契約例27条3項（52頁）参照）に基づく分配として構成されている。

これまでの日本のVCファンドの実務においては、投資事業有限責任組合の収益のうち無限責任組合員が受領すべき部分を、無限責任組合員の組合持分に基づく分配ではなく、成功報酬として規定することが多く、平成22年版モデル契約においても、成功報酬として規定されている。しかしながら、近

時少しずつ増えている個人（又は個人を構成員として組成される有限責任事業組合）が無限責任組合員となる場合においては、成功報酬の場合は総合課税で累進課税となる一方、組合持分に基づく分配の場合はキャピタルゲインとして課税の対象となると考えられ、その場合、申告分離課税により一律の税率となるため、最近は日本のVCファンドにおいても後者の考え方を採用する例も珍しくない。

なお、有限責任組合法上、組合員の損益分配の割合は出資割合に比例させることなく、契約において自由に定めることができるとされているが（有限責任組合法16条、民法674条参照）、税務上は、損益分配の割合が出資割合と異なる場合には、当該分配割合が各組合員の出資の状況、組合事業への寄与の状況等からみて経済的合理性を有するものでなければならない点には留意が必要である[22]。上記の経済合理性が認められない場合には、当該分配は組合員間での贈与又は寄付として課税される可能性があるため、実際に上記のような税務上の取扱いを受けることができるか否かは、個別の契約に関する事情をふまえて、必ず税理士に確認されたい。

(3) 成功報酬

上記(2)で述べたとおり、本契約例は、投資事業有限責任組合の収益のうち無限責任組合員が受領すべき部分について、成功報酬ではなく無限責任組合員の組合持分に基づく分配として構成しているため、無限責任組合員の成功報酬については規定していない。

成功報酬として規定するか無限責任組合員の持分に基づく分配として構成するかは、主に税務上の取扱いを意識したものであり、無限責任組合員に対する具体的な分配の方法及び分配額は、いずれにせよ分配の順序の規定のなかで定められることになる。成功報酬として規定する場合の例については、平成22年版モデル契約29条2項ないし4項（43頁〜44頁）を参照されたい。なお、以下(4)で述べるとおり、本契約例における分配の順序（ウォーター

22　法人税法基本通達14−1−2（注1）、所得税法基本通達36・37共−19

フォール）は、平成22年版モデル契約に比して簡素化されている点には留意されたい。

⑷　分配の順序

　投資事業有限責任組合における組合財産の分配については、組合契約においてその順序が規定されるが、組合契約に定められた項目ごとに順序立てて組合財産が分配され、充当されることから「ウォーターフォール」と呼ばれる。

　組合員に対する組合財産の分配に際しては、組合財産から発生した収益金について、まずは費用及び公租公課への充当が行われる。その後、多くの国内のVCファンドでは、成功報酬として規定するか無限責任組合員の持分に基づく分配として構成するかにかかわらず、①各組合員の出資約束金額又は出資履行金額の全額が分配され、②当該分配後の残額について、一定の割合に基づき、各組合員への出資割合に基づく分配と無限責任組合員への成功報酬又は無限責任組合員の組合持分に基づく分配に分けられる。本契約例では、28条4項（53頁～54頁）において、具体的な分配における順序（ウォーターフォール）が規定されており、①まず全ての組合員等の出資履行金額（又は出資約束金額）と同額となるまで各組合員に100％分配し、②その後、分配可能な金額の残額のα％（例えば20％）を無限責任組合員に分配し、無限責任組合員を含む各組合員に（$100-\alpha$）％（例えば80％）を出資割合に応じて分配することとされている。

　なお、①において、出資履行金額ではなく出資約束金額への充当を必要とした場合、充当に要する金額が大きくなるため、出資履行金額への充当を求める場合よりも無限責任組合員への分配（②）が行われる時期が遅くなる。また、主にキャピタル・コールが特定の投資案件を前提として行われるようなファンドでは、①について、収益金が発生した特定の投資案件に係る出資履行金額やそれまでに処分された投資案件に係る出資履行金額の累計額をベースとする方法（このような、投資案件ごとに実施する分配方法は、「ディール・バイ・ディール」とも呼ばれる）もあり、この方法をとると、無限責任組

合員への分配が行われる時期は、出資履行金額全体を基礎とした場合よりも早くなりうる。ILPA原則においては、GPとLP間の利害の一致の観点から、ディール・バイ・ディールの方法ではなく、出資履行金額全体の分配を優先する方法が望ましいとされており、また、仮にディール・バイ・ディールの方法を採用する場合には、キャリーエスクローアカウント（GPが取得する分配金を預託するための口座）の利用や効果的なクローバック（後述(6)）の仕組みを通じ、GPが本来取得すべきでない分配金を取得した場合にもLPが適時に返還を受けられるようにすることが推奨されている（ILPA原則4頁）。また、中小機構は起業支援ファンド出資事業又は中小企業成長支援ファンド出資事業の出資要件として、出資約束金額又は出資履行金額の総額に相当する分配が、無限責任組合員の成功報酬の受領に優先することを求めている[23]。

(5) ハードル・レート／キャッチアップ

投資事業有限責任組合によっては、上記(4)の①と②との間、すなわち、出資履行金額又は出資約束金額への充当が行われた後、無限責任組合委員に対する成功報酬又は無限責任組合員の持分に基づく分配が行われる前に、有限責任組合員に対して優先的に一定割合の分配が行われることがあるが、優先分配される割合をハードル・レートと呼ぶ。さらには、有限責任組合員への優先分配後に優先分配に対応する金額を無限責任組合員に分配する規定が設けられることがあり、キャッチアップ等と呼ばれる。平成22年版モデル契約では、これらを前提とした規定が置かれているが（29条4項（44頁）他参照）、国内のVCファンドにおいてはハードル・レートやキャッチアップを規定しない例も多いため、本契約例においては規定していない。ハードル・レートやキャッチアップを設定するか否か及びその条件については、各投資事業有限責任組合の実情に応じて、無限責任組合員・有限責任組合員間の協議の上で決定されることになる。

---

[23] 中小企業基盤整備機構「起業支援ファンド出資事業の主な要件」・前掲注1・3頁、中小企業基盤整備機構「中小企業成長支援ファンド出資事業の主な要件」・前掲注1・3頁

⑹　クローバック

　投資事業有限責任組合に生じた収益は投資事業有限責任組合契約で定められた方法により無限責任組合員及び有限責任組合員に帰属することになるが、投資事業有限責任組合の存続期間を通じてみた場合に、無限責任組合員への収益の帰属が一定割合を超過した場合に、ファンド清算時に当該超過額分の払戻しを行うことがあり、これをクローバック（Clawback）という。

　上記⑵で述べたとおり、平成22年版モデル契約では、無限責任組合員は成功報酬として投資事業有限責任組合の収益の帰属を受けるかたちとなっており、したがって、クローバックについても、無限責任組合員の報酬に関する条項（33条5項）に規定されていた。

　しかし、本契約例では、無限責任組合員は、組合持分に係る分配として投資事業有限責任組合の収益の帰属を受けるため、（報酬の条項ではなく）清算方法の条項46条3項（77頁）に、クローバックに係る規定が置かれている。

　なお、ILPA原則では、無限責任組合員・有限責任組合員間の利害の一致の観点から、効果的なクローバックの仕組みの存在が重視されており、別添（Appendix B）として具体的なベスト・プラクティスも提示されている（ILPA原則16頁〜17頁参照）。もっとも、ILPA原則も示すとおり、クローバックが特に必要とされるのは、投資案件ごとに分配を実施するディール・バイ・ディールの方法が採用された場合であり、本契約例のように、組合員への出資履行金額（又は出資約束金額）全額の回収を優先する分配の方法を採用するファンドでは、実際にクローバックが適用される可能性は一般的に低いと考えられる。

⑺　現物分配

　上記⑴で述べたとおり、投資事業有限責任組合における組合財産の分配は、金銭による分配が原則であり、組合員から現物分配を望まれることは多くない。しかしながら、例外的に、投資有価証券等を処分し換価することなく、現物のまま分配したほうが組合員にとって望ましい場合もあり、一定の

第3章　投資事業有限責任組合の形態によるベンチャーキャピタルファンド契約の留意点　89

条件のもと、投資有価証券等の現物分配を認める例が多い。

　一般的には、投資有価証券等が流動性の低い非上場株式等の資産である場合、当該資産を処分するために買い手となる第三者を見つけることが容易ではなく、一定の期間内に処分するためには処分価格が低くなるため、また、投資有価証券等が流動性の高い上場株式等の資産であっても、投資処分のタイミングが投資家にとって有利でない場合や、処分する上場株式の数、当該株式の取引流通量によっては、投資処分により市場価格が下がってしまうおそれがあるため、現物で分配することが望ましいことがあると説明される。上記に加え、VCファンドにおいては、有限責任組合員がキャピタルゲインよりも事業上のシナジー効果をねらって投資を行っている場合も多く、そのような場合には流動性が低くとも非上場株式等の投資有価証券等を現物のまま保持することを望む場合がある。

　本契約例では、28条3項（53頁）においては、組合の存続期間中は、無限責任組合員が、現物分配をすることが組合員の利益にかなうと合理的に判断した場合には現物分配を行うことができるが、現物分配の対象が市場性のない有価証券（非上場の有価証券等）である場合には、同項所定の有限責任組合員の承認を得ることを条件としている。

　他方、清算手続中の現物分配については、本契約例46条1項（76頁〜77頁）において市場性のない有価証券であっても、清算人がその裁量により現物分配を行うことができるとしている。これは、清算時においては、処分のむずかしい投資有価証券等が残存していることが多く、また、処分時期についても制約があるため、存続期間中に比して、現物分配を認める必要性が高いケースがありうるためである。

　なお、現物分配を行う場合においては、本契約例1条（11頁）で定義する「分配時評価額」を基準として分配を行うことになる。分配時評価額は、市場性のある有価証券については市場価格を基準とすることができるが、市場性のない有価証券についてはその評価が困難であるところ、本契約例では、有限責任組合員の承認を得て定めた価格とすることとしている。このほか、諮問委員会による承認を必要としたり、専門家による評価に従うといった例

もある。

　契約の手続にのっとり現物分配するとされた場合であっても、一定の有限責任組合員が現物分配することを希望しない場合がある。銀行、保険会社等の一定の金融機関については、独占禁止法、銀行法、保険業法等により課されている議決権の保有規制への抵触を避ける必要があり、現物分配される投資有価証券等が上場株式の場合は、金融商品取引法に基づく大量保有報告書等の提出を避けることを望む有限責任組合員も多い（なお、中小機構は、起業支援ファンド及び中小企業成長支援ファンドの出資要件として、中小機構が現物分配を希望する場合を除き、金銭による分配を行わないことを要求している[24]）。

　このように現物分配を希望しない有限責任組合員もいることから、本契約例28条5項（54頁、なお、当該規定は、46条2項（77頁）で清算手続中の現物分配でも準用される）において、現物分配を行う場合には、無限責任組合員は、事前に当該現物分配の対象となる組合員等に対し、現物分配による分配を受けるか、又は、当該現物の処分を無限責任組合員に依頼し、その処分代金により分配を受けるかを選択するよう申し出るものとし、現物分配を望まない有限責任組合員に対し、当該有限責任組合員に分配されるべきであった投資有価証券等の処分を無限責任組合員が行い、その処分代金の分配を受ける権利を与えている。

　ただし、現物の有価証券の処分は通常、困難が伴うため、本契約例28条5項2文（54頁）において、無限責任組合員が現物分配を希望しない有限責任組合員のために投資有価証券等を処分する場合には、その処分時期や価格について無限責任組合員に裁量がある旨を規定することで、原則として有限責任組合員が無限責任組合員による処分に対して異議を述べることができないこととしている。また、当該処分に要する費用をだれが負担するかも問題となるが、同項3文（54頁）においては、現物分配を希望しない当該有限責任組合員が負担することとされている。

24　中小企業基盤整備機構「起業支援ファンド出資事業の主な要件」・前掲注1・3頁、中小企業基盤整備機構「中小企業成長支援ファンド出資事業の主な要件」・前掲注1・3頁〜4頁

⑻ 再 投 資

　VCファンドにおいては、その性質上、投資処分が実現することによって発生した収益については、組合員に速やかに分配するのが原則であるが、投資実行後短期間で投資処分が行われた場合には、当該投資収益については例外的に再投資を許容する例も多い。

　再投資の可否及びその要件や範囲については、契約ごとに無限責任組合員及び有限責任組合員の交渉によって決まるものであるが（なお、中小機構は、起業支援ファンド及び中小企業成長支援ファンドの出資要件として、組合契約に盛り込んだ投資形態から発生する収益については再投資を行わないことを要求している[25]）、本契約例28条6項（54頁）においては、再投資を認める要件として、一定期間内（例えば、投資から12カ月や18カ月以内等）に回収された資金に限って再投資することを認めている。また、回収された資金のうちどの範囲まで再投資を認めるかについては、大きく分けて、①出資の元本部分に限り再投資を認める考え方と、②特に限定を設けず再投資を認める考え方の2つがありうるところ、本契約例では、カッコ書で示すことにより、どちらの考え方も採用できる形式となっている。

　なお、平成22年版モデル契約においては、キャピタル・コールの時点で、一定期間内に処分等することを意図してポートフォリオ投資を行う場合をブリッジ・ファイナンシングと定義し、ブリッジ・ファイナンシングを当初想定した期間内に処分等することにより受領した金銭について再投資を認めることとされていた（平成22年版モデル契約1条（1頁～7頁）、29条6項（46頁）参照）。しかし、2⑵で述べたとおり、本契約例においては、キャピタル・コールは特定の投資案件を前提としない構成としていることから、そもそもブリッジ・ファイナンシング目的でのキャピタル・コールというものを観念することが通常できないため、本契約例では「ブリッジ・ファイナンシン

25　中小企業基盤整備機構「起業支援ファンド出資事業の主な要件」・前掲注1・3頁、中小企業基盤整備機構「中小企業成長支援ファンド出資事業の主な要件」・前掲注1・3頁

グ」の定義は置かれていない。

ブリッジ・ファイナンシングの場合、投資時点で一定期間内に処分することを想定していたことが必要となるが、本契約例で許容している再投資は、上記のとおり、契約で定められた期間内に回収された資金であればよく、投資時点での意図は問われない。

6 費用及び報酬等

(1) 費　　用

ファンドを設立及び運営していくためには、無限責任組合員の従業員の給与や各種専門家への報酬等さまざまな費用がかかる。これらの費用について、無限責任組合員が負担すべき費用（すなわち、無限責任組合員が管理報酬のなかからまかなうべき費用）とファンドが負担すべき費用（組合財産から支払うべき費用）とに明確に区別する必要がある。なお、組合費用を後記(2)で述べる管理報酬と別に規定することはせず、無限責任組合員が管理報酬のなかからファンドに係る費用を全て負担する建付けとすることも可能である。

費用負担をめぐって実務上問題となるのが、投資事業有限責任組合契約書の作成、設立登記の費用やこれらに係る弁護士等の各種専門家への報酬等を含むファンドの設立費用である。多くのケースでは、一定額を限度にファンドが負担するとされており、本契約例31条1項1号（60頁）においても、総組合員の出資約束金額の合計額の一定割合を上限として、組合財産から支払われることとなっている。なお、VCファンドにおいて行われることは多くないが、有限責任組合員候補者に対する勧誘を外部に委託した場合に発生する勧誘費用については設立費用のなかに含まれることもあるが、設立費用とは別に無限責任組合員が負担するとされることもある（ILPA原則（5頁）は、GPと勧誘業者（placement agent）間の報酬体系をLP候補者に開示すべきであるとしている）。

第3章　投資事業有限責任組合の形態によるベンチャーキャピタルファンド契約の留意点　93

費用に関して特に留意すべき条項として、バスケット条項があげられる。バスケット条項とは、通常ファンドの費用とされる項目の最後に規定され、列挙された項目以外でもファンドの活動に関連して発生する費用を広くファンドが負担すべき費用の範囲内とするもので、本契約例31条1項14号（61頁）においては「本組合に関し、又は本組合の業務執行に際し、合理的に発生したその他の費用」として規定される。このようなバスケット条項はその性質上、抽象的な規定とならざるを得ず、具体的な費用がバスケット条項でカバーされるか否かについて事後的に争いになることも多い。したがって、特に契約交渉の時点で発生が見込まれている費用に関しては、バスケット条項で読み込むかたちではなく、個別具体的かつ網羅的に契約上で規定すべきである。

(2) 管理報酬

管理報酬は、ファンドの業務執行に対する対価として支払われる報酬であり、一般的には、ファンドの投資成績にかかわらず一定金額又は出資約束金額、出資履行金額等の算定基礎の一定割合として規定されることが多いが、具体的な定め方はファンドの規模及び性質によって多様である。

本契約例32条（61頁～62頁）においては、出資約束期間中については、総組合員の出資約束金額を算出の基礎とし、出資約束期間終了後については、投資総額を算定の基礎としている。これは、出資約束期間中は、さらなる投資が行われる可能性があるため投資総額ではなく出資約束金額とする一方、出資約束金額終了後は、原則として新規の投資は行われないことから、実際に投資された金額を算定基礎とすべきとの考えに基づいている。よりシンプルに、出資約束期間満了前後を問わず出資約束金額を算定基礎とする方法や組合財産の純資産額を算定基礎とし、ファンドの期間が経過するに伴い、その割合を低減させていく方法もある。

なお、ILPA原則（5頁）では、多額の管理報酬はGP・LP間の利害の不一致を生じさせることから、管理報酬はGPにおける合理的な運営費や人件費を基礎として算出されるべきであり、また、承継ファンド組成後、投資期間

満了後又はファンドの存続期間延長後については、通常、ファンド運用に係るコストが減少することを考慮し、管理報酬が引き下げられるべきであるとしている。

(3) 管理報酬の減額

組合活動に関連し、無限責任組合員が投資案件の実施又は投資先事業者への経営指導等の対価として報酬を受領することがある。これらの報酬について、無限責任組合員が本来行うべき業務に対する対価であると考えた場合には、当該報酬を無限責任組合員が受領することは報酬の二重取りになるため、ファンドが取得すべきと考えられる一方、他社によりこれらの業務が提供された場合には報酬が支払われることからすれば、無限責任組合員が報酬を受領しても二重取りにはならないとの考えもありうるところである。

組合に帰属させるべきか無限責任組合員に帰属させるべきかは、どちらの考え方も一定の合理性が認められるため、本契約例32条（61頁～62頁）においては、無限責任組合員が投資案件の実施又は投資先事業者への経営指導等への対価等を受領することを認めた上で、受領した手数料、報酬等の全部又は一部を管理報酬から控除することとして、控除する割合について無限責任組合員と有限責任組合員との交渉に委ねている。

なお、ILPA原則（5頁）では、投資先事業者への経営指導の対価等については、ファンドが取得すべきであるとしている。

(4) 組合財産による補償

組合員、組合員の役員、従業員、代理人及び株主、諮問委員会の委員等（以下「被補償者」という）が組合の事業又は業務に伴い負担した費用や責任については、本来被補償者自身が負担すべきものではないため、組合財産から補償するとされるのが一般的である。

しかし、補償対象のうち第三者に対する損害賠償責任については、無制限に補償範囲を広げすぎると被補償者のモラルハザードを引き起こしてしまうことになりかねない。他方、被補償者に故意又は過失がある場合は組合財産

から補償しないとする考え方をとると、重大とはいえない過失（いわゆる軽過失）であるにすぎない場合でも被補償者が損害賠償責任を負担することになるため、特に無限責任組合員の役員、従業員に投資事業有限責任組合の業務執行に対する委縮効果を与え、ひいては組合全体の利益に反するおそれがある。そのため、これらの事情を考慮し、本契約例20条2項（43頁）では、補償対象者が負担した費用や責任のうち故意又は重過失がある場合のみを補償の対象から外すこととし、軽過失があるにすぎない場合は補償の対象としている。

なお、本契約例では規定していないが、補償責任が組合財産の範囲を超え、組合財産からでは補てんしきれなくなった場合等に、無限責任組合員が組合員に対し受領済の分配金の返還を求めることができる旨の規定（LPクローバックと呼ばれる）を入れる例もある。しかしながら、このような規定が置かれる場合でも、無限責任組合員が請求できる時期及び金額については一定の制限が課されることが多く、ILPA原則においては、出資約束金額の25％以内として、請求可能期間についても分配後2年等の合理的な期間内とすべきであるとされている（ILPA原則8頁）。

7 税　　務

(1)　外国有限責任組合員に対する課税の特例

投資事業有限責任組合の有限責任組合員の実態が、共同事業者というよりも、組合の事業に対して投資を行う投資家に近いということに鑑み、非居住者等（非居住者又は外国法人）である有限責任組合員（以下「外国有限責任組合員」という）は、租税特別措置法41条の21第1項各号の要件を満たす者については、国内に恒久的施設（Permanent Establishment、以下「PE」という）を有しないものとみなされ、組合の事業から生ずる国内源泉所得について国内では原則非課税とされる等の課税の特例を享受することができる（租税特

別措置法41条の21第1項、67条の16第1項)。

　上記の外国有限責任組合員に対する課税の特例の要件の1つとして、当該非居住者等が、投資組合事業に係る業務執行又は業務執行の決定についての承認、同意その他これらに類する行為(以下「税法上の業務執行承認」という)を行わないことが求められる(租税特別措置法41条の21第1項2号、租税特別措置法施行令26条の30第1項3号)。この点について、本契約例では、以下のような対応がなされている(もっとも、税法上の業務執行承認の有無の判断においては、契約書上の規定内容だけでなく、実際の有限責任組合員の権限行使状況が当該要件に該当しないかにも留意する必要がある)。

① 　本契約例17条2項及び同条7項〜9項(34頁〜35頁)の規定において、無限責任組合員の利益相反行為に対する有限責任組合員の承認、同意、意見陳述・助言等の行為が、税法上の業務執行承認に該当しないように規定[26]。

② 　本契約例15条6項及び7項(31頁)において、有限責任組合員の権限に関する個別の規定は組合の業務執行に該当しない旨を明記し、また、業務執行承認に該当するのではないかとの疑義がある場合に、当該規定を制限的に解釈する旨を規定。

　また、本契約例30条4項及び5項(58頁)は、外国有限責任組合員に対する課税の特例が利用される場合における外国有限責任組合員に関する事項について規定している。

　まず、4項は、外国有限責任組合員が、その課税の特例の要件(租税特別措置法41条の21第1項5号、67条の16第1項)に充足することを表明保証し、また、当該要件が不充足になった場合又はそのおそれが生じた場合には、直ちに無限責任組合員にその旨を知らせるよう、当該外国有限責任組合員に対し通知義務を課している。

　次に、外国有限責任組合員が課税の特例の適用を受けようとする場合、無限責任組合員において、当該外国有限責任組合員にかわって特例適用申告書

26　詳細については、本契約例17条解説11.(39頁)参照

を税務署長に提出すること等の対応が求められるため（租税特別措置法41条の21第3項、67条の16第2項）、本契約例30条5項（58頁）は、課税の特例の適用を受けるために必要な手続に対する外国有限責任組合員の協力義務について規定している。

⑵　FATCA及びCRS

2010年3月に、米国はいわゆる外国口座税務コンプライアンス法（FATCA：Foreign Account Tax Compliance Act）を成立させ、米国外の金融機関に対し、米国納税義務者等の口座情報についての報告義務を導入した（2014年7月1日より全面施行）。これに対応して、日本政府は、国内の金融機関のFATCA実施の円滑化のために、2012年6月に「FATCA実施の円滑化と国際的な税務コンプライアンスの向上のための政府間協力の枠組みに関する米国及び日本による共同声明」を、2013年6月に「国際的な税務コンプライアンスの向上及びFATCA実施の円滑化のための米国財務省と日本当局の間の相互協力及び理解に関する声明」を公表している。

上記制度において、報告義務の課される「Foreign Financial Institution（FFI）」（外国金融機関）には、米国外の証券・債権・商品等に関する投資業、再投資業又はトレーディング業に主として従事する事業体が含まれており（米国内国歳入法1471条d項5号(C)）、有価証券への投資を主な事業目的とする投資事業有限責任組合は、原則として報告義務のあるFFIに該当するものと考えられる。報告義務のあるFFIは、米国内国歳入庁（IRS：Internal Revenue Service）のウェブサイト上からFFI登録を事前に行うとともに、米国人口座を特定するために口座情報を検索し、検索された米国人口座保有者がIRSへの情報提供に同意した場合は、その個別情報をIRSへ報告し、同意しなかった場合は、非協力口座の総数・総額をIRSに報告しなければならない。報告義務のあるFFIはこれらの対応をとることにより、米国内国歳入法1471条a項に規定する30％の源泉徴収課税を受けないものとして取り扱われることとなる。

さらに、OECDの加盟国であるわが国は、OECDにおいて2014年に承認・

公表された自動的情報交換の共通報告基準（CRS：Common Reporting Standard）を実施するため、2015年の税制改正において、租税条約等の実施に伴う所得税法、法人税法及び地方税法の特例等に関する法律（以下「実特法」という）を改正し、同改正法は2017年1月1日から施行されている。

　実特法により、報告金融機関等は、新規に取引を行う場合には、当該取引を行う相手方に対して本人確認のための届出書を提出させて（同法10条の5第1項）、居住地国を特定し、取引の相手方のなかに租税条約の相手国の居住者が含まれる場合には、その情報を所轄税務署長に提供することが必要となる（同法10条の6）。「報告金融機関等」には、原則として投資事業有限責任組合の無限責任組合員が含まれるため（同法10条の5第7項1号、同法施行令6条の6第1項5号ハ）、無限責任組合員は上記の実特法に基づく義務を履行することが必要となる。

　本契約例1条（7頁～13頁）では、上記のFATCAに関する米国法令及び日米政府当局間の取決め、ならびにCRSについての国内法令及び各国当局間の合意等を総称して「FATCA/CRS」と定義している。そして、本契約例30条6項、7項（58頁）では、無限責任組合員がFATCA及びCRSにおける報告義務のある金融機関に該当することを前提として、6項において無限責任組合員がFATCA及びCRSを遵守するために実施する手続についての協力義務を規定することにより、FATCA及びCRSに関連する手続の円滑な履践を可能にすることを図っている。さらに、7項において当該手続に基づいて有限責任組合員が提出する書類の記載事項が真実かつ正確であることを有限責任組合員に表明保証させるとともに、仮に期中において当該事項に変更が生じた場合には、直ちに無限責任組合員にその旨を知らせるよう、通知義務を課している。

第3章　投資事業有限責任組合の形態によるベンチャーキャピタルファンド契約の留意点　99

8 組合員の地位の変動

(1) 組合員の追加加入・既存組合員からの追加出資

組合員の追加加入及び既存組合員からの追加出資（以下、これら組合員について本契約例の定義づけにならい「追加出資組合員」という）については、既存組合員の持分割合の希釈化を伴うことから、組合契約上、全組合員の出資約束金額の上限を設定し、また、追加加入・追加出資を認める期間を一定の時期（例えば初回出資日から12カ月等）までの間に限るとすることが多い。本契約例においても35条1項及び2項（67頁）において、このような定めを置いている。

組合員の追加加入及び既存組合員からの追加出資に際しては、無限責任組合員が全組合員を代理してこれらの者と加入契約を締結し、当該加入契約のなかでこれらの者が組合契約に拘束されることに同意する方法によることが一般的である。この場合、新たに組合員を加入させること等は、無限責任組合員が当然に有する権限ではないことから、投資事業有限責任組合契約において、無限責任組合員に対して、全組合員を代理して新規加入者と加入契約を締結する権限を付与する必要があると考えられ、本契約例では35条1項（67頁）においてその旨を規定している。

なお、組合員の追加加入又は既存組合員からの追加出資が行われる場合、既存組合員の出資金額との調整が必要となる。本契約例では8条6項（20頁）において、追加出資組合員が、当該追加出資組合員の出資約束金額に既存出資比率を乗じた金額（既存組合員が出資約束金額を増額した場合はそのうち増額分）を払い込むことを定めている。これにより払い込まれた金額は、組合財産を増加させるが、当該増加額は管理報酬への充当や、将来の投資等に利用される。

追加出資組合員による出資の時点までに分配が行われていた場合、当該分配のなされた投資証券等の元本相当額については、払込みを求めないことも

考えられ、本契約例8条7項(ii)（20頁）はその場合の調整を定めている。

　また、追加出資組合員が加入時に払い込んだ額のうち管理報酬に充当する金額以外の額については、使途が定められて出資されたものではなく、それら資金を組合財産としてとどめおくことはファンドとしての資金効率の低下を招くため、既存組合員に払戻しを行うという規定を設けることも多い。もっとも、すぐに資金を必要とする状況が発生する場合もあることから、無限責任組合員に裁量を認め、組合に資金を留保することを認めることもある。

　本契約例8条7項(i)（20頁）は、追加出資組合員がポートフォリオ投資ごとに取得する対象持分金額を、追加出資組合員の出資金額に応じた額とはせず調整することで、実行済みのポートフォリオ投資の価値の増加又は減損分を考慮することを念頭に置いた規定である。

　免除・除外規定を設ける場合、ポートフォリオ投資ごとに払い込むべき出資金を定める必要があることから、当該追加出資組合員についての免除・除外規定も加味して、追加出資時に出資すべき金額を決する必要がある。

(2)　組合員の地位の譲渡

a　有限責任組合員の地位の譲渡

　投資事業有限責任組合においては、組合に参加することが好ましくない者を排除する趣旨から、有限責任組合員の地位の譲渡は、無限責任組合員の事前の承諾がある場合に限り行うことができるとすることが一般的である。もっとも、例えば、有限責任組合員の関係会社への譲渡等、当該譲渡による組合への影響が軽微と考えられる場合にまでこれを認めないのは不当であるため、無限責任組合員は合理的な理由なく地位譲渡に対する承諾を拒絶してはならないと規定する場合が多く、本契約例34条2項（63頁）もその旨を規定している。

　また、有限責任組合員が組合員たる地位を既存の組合員に譲渡する場合には、好ましくない第三者が組合に参加するという懸念はないことから、本契約例34条4項（64頁）では無限責任組合員の承諾等の要件は設けていない。

もっとも、各組合員の持分割合について組合員の関心が高い場合には、要件の加重を検討することも考えられる。

b 適格機関投資家等特例業務との関係

無限責任組合員が適格機関投資家等特例業務として組合持分の取得勧誘及び組合財産の運用を行う場合、金融商品取引法63条1項1号及び2号の要件を満たす必要がある。

組合員の地位の譲渡との関係では、無限責任組合員が適格機関投資家等特例業務として組合持分の取得勧誘を行う場合、①適格機関投資家として加入する有限責任組合員の組合員たる地位を適格機関投資家以外の者に譲渡すること及び②特例業務対象投資家として加入する有限責任組合員の組合員たる地位について、他の適格機関投資家又は特例業務対象投資家に一括して譲渡する場合以外に譲渡することを、組合契約等において禁止しなければならないとされている（金融商品取引法63条1項1号、金融商品取引法施行令17条の12第4項1号、2号イ）。本契約例においては34条5項3文及び4文（64頁）にこれらの規定が置かれている。

次に、無限責任組合員が適格機関投資家等特例業務として組合財産の運用を行う場合には、運用期間中継続して、不適格投資家（金融商品取引法63条1項1号イ～ハ、金融商品取引業等府令235条）が有限責任組合員とならないことが必要である（金融商品取引法63条1項2号）。本契約例では、34条5項1文（64頁）において、不適格投資家への有限責任組合員の地位の譲渡を禁止している。

さらに、無限責任組合員が適格機関投資家等特例業務として組合財産の運用を行う場合には、運用期間中継続して、(i)有限責任組合員の全てが投資事業有限責任組合に該当する場合でないこと、及び(ii)特例業務対象投資家のうち、特例業務届出者たる無限責任組合員に密接に関連する者及びベンチャーファンドの特例により範囲が拡張される特例業務対象投資家の出資総額に占める割合が全組合員の出資総額の50％未満であることが必要である（金融商品取引法63条1項2号、金融商品取引業等府令234条の2第2項1号、2号）。本契約例では、34条5項2文（64頁）において、当該譲渡により、金融商品取

引業等府令234条の２第２項各号に掲げる要件のいずれかに該当することとなるような有限責任組合員の地位の譲渡を禁止している。

c　無限責任組合員の地位の譲渡

投資事業有限責任組合は、無限責任組合員のファンド運営能力を信頼して組成されるのが通常であることから、無限責任組合員の地位の譲渡は原則として想定されていない。本契約例でも、34条７項（64頁）において、無限責任組合員の地位の譲渡については、他の組合員全員の書面による同意がない限り譲渡できないこととしている。

(3)　組合員の合併・相続等

a　組合員の合併等

組合員である会社等が合併又は会社分割を行った場合には、組合員たる地位についても包括承継されたものとすることが一般的である（本契約例34条10項（64頁））。

もっとも、合併や会社分割による場合にも、組合に参加することが望ましくない者が組合員となる可能性がある点は、通常の組合員の地位の譲渡と同様である。特に、合併等により当該組合員が反社会的勢力に該当する場合や適格機関投資家等特例業務の要件を具備できなくなる場合等は、組合員たる地位の承継を認めることは適切でない。そのため、例えば、組合員の合併等による地位の承継について無限責任組合員の書面による承諾を必要とする旨の規定を設けるといったことも考えられるが、有限責任組合員にとっては、合併等について出資先ファンドの無限責任組合員の承諾等を必要とすることは酷ともいえることから、このような規定を置くことには慎重な検討が必要と思われる。

なお、本契約例のように組合員の合併等による地位の承継を制限する旨の規定を置かない場合であっても、合併等により当該組合員が反社会的勢力に該当する場合や適格機関投資家等特例業務の要件を具備できなくなる場合等には、当該組合員を除名することができるよう投資事業有限責任組合契約に定めることで、組合の適正な運営を確保することは可能である。本契約例に

おいては、51条（83頁～84頁）で適格機関投資家等特例業務の要件を満たすことを担保する規定を置き、52条（85頁）で反社会的勢力に該当しないことの表明保証を定めており、これらに違反した場合について組合員の除名要件としている（本契約例38条1項3号（71頁）、39条1項3号（72頁））。なお、本契約例における除名の規定では、一定割合の組合員の同意を要求しているが、上記のような除名要件に該当する場合には、組合員の同意を得る必要がなく即時に除名できるものと規定することも考えられる。

b　組合員の地位の相続

有限責任組合法12条1号において、組合員の死亡は組合員の脱退事由とされている。これは組合契約が組合員間の信頼関係に基づくものであることに由来し、組合員の利益保護のための規定と考えられている。そのため、組合契約で別段の定めを置くことは許容されると考えられる。

本契約例においては、相続人側に相続の有無の選択権を付与することとした上で、権利関係が不確定な期間が長期に及ばないよう、死後一定期間（例えば3カ月）以内に限り、無限責任組合員に対して通知することにより相続人による組合員たる地位の承継を認めている（本契約例37条1項（70頁））。また、本契約例では、相続人が複数ある場合には、そのうちの1名のみを窓口として扱うことで足りるよう、相続人の代理人1名を定めて無限責任組合員に届けることを定めている（本契約例37条2項（70頁））。

なお、相続により地位を承継した組合員が反社会的勢力に該当する場合や、相続人の人数が多いことから適格機関投資家等特例業務の要件を充足しなくなる場合が発生しうることから、本契約例では、37条1項ただし書（70頁）において、これらの場合に無限責任組合員が相続人による承継を拒むことができる旨を規定している。

(4)　組合員の脱退と効力

a　組合員の脱退

本契約例36条1項（68頁）は、組合員の任意脱退について規定しており、組合員は、やむを得ない理由がある場合は脱退することができるものと規定

している。有限責任組合法上も、組合員は、「やむを得ない場合を除いて、組合を脱退することができない」として、組合員の組合からの任意脱退が例外的に認められている（同法11条）。どのような場合が「やむを得ない場合」に当たるかは個別の検討が必要であるが、例えば無限責任組合員が組合契約に反した行為をしたために自己の利益が害された場合や、組合の事業方針の変更により組合員の利益が著しく害され共同経営をするに堪えない状態に至った場合等は、「やむを得ない場合」に当たるものと考えられる[27]。

次に、本契約例36条2項（68頁）では、組合員の非任意の脱退事由として、後記b及びcで述べる組合員の除名のほかに、解散（合併による解散を除く、1号）、死亡（相続人による承継がある場合を除く、2号）、破産手続開始の決定（3号）、後見開始の審判を受けたこと（4号）があげられている（有限責任組合法12条参照）。本契約例では、有限責任組合法12条2号に掲げる破産手続開始の決定を脱退事由と規定しているが、これに類似する、民事再生手続開始の決定、会社更生手続開始の決定及び外国法に基づく同様の事由の発生について脱退事由として追加することも考えられる。

b　有限責任組合員の除名

本契約例38条1項（71頁）は、有限責任組合員の除名について、出資の不履行や重大な背信行為等の場合を除名事由として規定し、除名事由に該当する有限責任組合員を除く一定の有限責任組合員の同意を要件として除名を認めている。しかし、反社会的勢力との関係排除に関する表明保証違反等の重大な表明保証違反、又は極めて重大な義務の違反については、有限責任組合員の一定数の同意を得ることなく無限責任組合員の権限で除名できると規定することも考えられる。

c　無限責任組合員の除名

無限責任組合員の除名は、無限責任組合員が違法行為を行った場合等における無限責任組合員の更迭のメカニズムの1つであり、本契約例では、39条1項（72頁）において、組合員の一定数の同意により、無限責任組合員を除

27　経済産業省経済産業政策局産業組織課編・前掲注3・67頁

名することができるとし、当該無限責任組合員が除名に基づき脱退すること（本契約例36条2項6号（68頁））により、有限責任組合員は、その全員一致により新たな無限責任組合員を選任することができる旨を規定している（同条3項（68頁））。なお、ベンチャーファンドの要件の1つとしても、ファンドの契約において、正当な事由がある場合において、有限責任組合員の持分の過半数（これを上回る割合を契約で定めた場合にはその割合以上）の同意を得て、無限責任組合員を解任することができる旨、及び、無限責任組合員が退任した場合において、全ての有限責任組合員の同意により新たな無限責任組合員を選任することができる旨を定めることが必要とされている（金融商品取引法施行令17条の12第2項3号、金融商品取引法63条9項、金融商品取引業等府令239条の2第1項12号、13号）。

なお、無限責任組合員が重大な契約違反等を行った場合に、無限責任組合員を除名までさせず、解任にとどめて有限責任組合員として組合に残存させること、又は、無限責任組合員を投資事業有限責任組合から脱退させるのではなくその組合持分を一定の者に強制的に譲渡させる等の規定を設けることも考えられる。

⑸　脱退時の持分の払戻し

組合員が投資事業有限責任組合を脱退した場合、脱退組合員は持分の払戻しを求めることができる。もっとも実務上は、脱退時に即時に当該組合員に対する持分金額の払戻しを行うことはむずかしいことから、投資事業有限責任組合契約において、組合財産の分配のつど払戻しを行うこととすること等を定めることが考えられる。組合員のやむを得ない事由による脱退が認められることとの関係で、かかる払戻し方法が適法であるかという点が問題となりうるが、持分払戻請求権の期限を定めるものであり、組合員の脱退自体を制限するものではないので有効と考えられる。本契約例も40条（72頁〜73頁）においてこのような定めを置いている。

他方、除名による脱退等の場合には、ペナルティとして、脱退組合員の持分金額の一部（例えば2分の1等）や、組合財産に残存する現金及び現金同

等物のみの払戻しを認めるといった例もある。

9 解散及び清算

(1) 解　　散

　有限責任組合法13条は、投資事業有限責任組合の解散事由として、①目的たる事業の成功又はその成功の不能、②無限責任組合員又は有限責任組合員の全員の脱退（脱退日から２週間以内であって解散の登記をする日までに、残存する組合員の一致によって新たに無限責任組合員又は有限責任組合員を加入させたときを除く）、③存続期間の満了、及び④組合契約で前記①〜③に掲げる事由以外の解散の事由を定めたときは、その事由の発生、を規定する。

　本契約例42条１項５号、６号（73頁〜74頁）においては、上記①〜④に対応する解散事由に加えて、⑤有限責任組合員の全員一致により解散決定、及び⑥全ての有限責任組合員が適格機関投資家でなくなることその他の事由により、組合を適法に運営することが困難であると無限責任組合員が合理的に判断した場合、を解散事由として規定している。

　本契約例が規定する解散事由のうち、上記⑤については、無限責任組合員の同意なしに、有限責任組合員の全員一致だけを要件に投資事業有限責任組合の解散を認めるものであり、上記２(6)で述べた、いわゆるNo Fault Divorce（No Fault Rightsとも呼ばれる）の一種である。

(2) 清　　算

　投資事業有限責任組合が解散すると、清算人が組合を清算することになるが、有限責任組合法14条は、無限責任組合員が清算人になることが想定されており、本契約例43条１項（75頁）においても、無限責任組合員の脱退による解散の場合を除き、無限責任組合員が清算人になるとされている。清算人の報酬については、組合契約において具体的に規定することが可能なのであ

第３章　投資事業有限責任組合の形態によるベンチャーキャピタルファンド契約の留意点　107

れば具体的に定めることが望ましいが、組合契約作成時に、投資事業有限責任組合の解散時に組合にどの程度の資産が残っているかや、清算人の業務の多寡等を正確に予測することは不可能であり、本契約例43条２項（75頁）は、清算人は適正な報酬を得ることができると規定するにとどまる。

10 　雑　　則

(1)　金融商品取引法に係る確認事項

　投資事業有限責任組合の持分は、金融商品取引法上のいわゆる２項有価証券に該当し（金融商品取引法２条２項５号）、その取得勧誘にあたっては同法上の規制を遵守する必要がある。そこで、投資事業有限責任組合契約において、かかるレギュレーション上の手続が履行されていることを確認しておくことが考えられる。

　無限責任組合員が適格機関投資家等特例業務として組合持分の取得勧誘を行う場合、当該勧誘は、私募である必要がある（金融商品取引法63条１項１号柱書）。有価証券の私募にあたっては、無限責任組合員は、同法23条の13第４項に定める告知義務及び同条５項に定める書面の交付義務を履行しなければならない。本契約例50条１項ないし３項（81頁）は、これらの義務が履行されたことを有限責任組合員が確認する旨の規定である。

　また、無限責任組合員が適格機関投資家等特例業務としての組合持分の取得勧誘を行う場合、無限責任組合員は、組合契約の締結までに、有限責任組合員に対し、金融商品取引法37条の３第１項に規定する書面（以下「契約締結前交付書面」という）を交付しなければならない（金融商品取引法63条11項、37条の３第１項）。本契約例50条４項（81頁）は、本契約締結までに契約締結前交付書面が交付されたことを有限責任組合員が確認する旨の規定である。

　投資事業有限責任組合契約の締結に際して交付する契約締結前交付書面には、金融商品取引法37条の３第１項各号及び金融商品取引業等府令82条各号

（共通記載事項）、同府令83条1項各号（有価証券の売買その他の取引に係る共通記載事項）、ならびに同府令87条1項各号（出資対象事業持分の売買その他の取引に係る記載事項）のそれぞれに掲げる事項を記載しなければならず、同府令79条各項に記載された方法に従って作成することが必要とされている。なお、仮に、無限責任組合員が、自己募集ではなく、組合持分の取得勧誘を第二種金融商品取引業の登録を受けた金融商品取引業者に委託する場合には、当該金融商品取引業者が、有限責任組合員に対して、契約締結前交付書面を交付することとなる。

　もっとも、有限責任組合員が特定投資家である場合には、契約締結前交付書面を交付する必要はないとされている（金融商品取引法45条2号）。全ての有限責任組合員が特定投資家である場合には、投資事業有限責任組合契約において、契約締結前交付書面の交付に関する条項を定める必要はないこととなるが、その場合、別途、有限責任組合員が特定投資家であることを表明保証する規定を定めることが考えられる。

⑵　金融商品販売法上の確認事項

　無限責任組合員が有限責任組合員に組合持分を取得させる行為は、有価証券を取得させる行為（金融商品の販売等に関する法律（以下「金融商品販売法」という）2条1項5号）に該当し、金融商品の販売となる。したがって、無限責任組合員は金融商品販売業者等（金融商品販売法2条3項）として、組合契約締結までに、有限責任組合員に対し、元本欠損が生じるおそれがある旨、その他の同法3条1項各号に掲げる重要事項について説明をしなければならない（同法3条1項）。

　実務上、かかる重要事項の説明については、重要事項を記載した書面を交付することが一般的であることから、投資事業有限責任組合契約において、重要事項について十分な説明を受けたことにとどまらず、重要事項を記載した書面の交付を受けたことについても有限責任組合員が確認する旨の規定を置くことが考えられる。本契約例50条5項（81頁）は、かかる点を確認する規定である。

なお、金融商品販売法3条7項は、顧客が金融商品の販売等に関する専門的知識及び経験を有する者として同法施行令10条に定める者（特定顧客）である場合（金融商品販売法3条7項1号）、ならびに、重要事項について説明を要しない旨の顧客の意思表明があった場合（同項2号）、金融商品販売法3条1項を適用しない旨を定める。特定投資家は特定顧客に該当するため、全ての有限責任組合員が特定投資家である場合には、投資事業有限責任組合契約において重要事項の告知に関する条項を置く必要はないこととなる。また、重要事項の告知に関する適用除外を利用する場合には、投資事業有限責任組合契約において、別途、有限責任組合員が、特定顧客であることを表明保証する規定又は重要事項について説明を要しない旨の意思表明を行ったことを確認する規定を定めることが考えられる。

(3)　犯罪収益移転防止法上の確認事項

犯罪による収益の移転防止に関する法律（以下「犯罪収益移転防止法」という）は、マネー・ロンダリングの防止を図ることや、テロリズムに対する資金供与の防止に関する国際条約等の的確な実施を確保することを目的として2008年3月に全面施行された。2013年4月には、テロ資金やマネー・ロンダリングをめぐる状況やFATF（金融活動作業部会）勧告をふまえて、取引時の確認事項の追加等に関する改正がなされ、さらに、2016年10月には、疑わしい取引の届出に関する判断方法等に関する改正がなされている。

金融商品取引法2条9項に規定する金融商品取引業者及び同法63条5項に規定する特例業務届出者は、犯罪収益移転防止法に規定する特定事業者に該当するため（犯罪収益移転防止法2条2項21号、23号、同法施行令6条7号、8号）、無限責任組合員が有限責任組合員と投資事業有限責任組合契約を締結するに際しては、本人特定事項（顧客等が法人であり、かつ、犯罪収益移転防止法施行規則11条で規定する実質的支配者に該当する者がいる場合にはその者の本人特定事項も含む）、ならびに、取引を行う目的及び顧客等の職業（顧客等が法人である場合にあっては事業内容）の確認を行わなければならず、また、当該組合契約が犯罪収益移転防止法4条2項で規定する取引に該当し、か

つ、200万円を超える財産の移転を伴う場合には、資産及び収入の状況についても確認を行わなければならない（犯罪収益移転防止法4条、同法施行令6条7号、8号、7条1項1号、10条ないし14条、同法施行規則6条ないし14条）。本契約例50条6項（81頁）は、有限責任組合員が、取引時確認のために無限責任組合員に提示等した書類の記載内容及び申告した内容が投資事業有限責任組合契約の締結日において正確であることを確認する旨の規定である。

また、特定事業者には、取引において収受した財産が犯罪による収益である疑いがある場合、及び組織的な犯罪の処罰及び犯罪収益の規制等に関する法律又は国際的な協力の下に規制薬物に係る不正行為を助長する行為等の防止を図るための麻薬及び向精神薬取締法等の特例等に関する法律の規制を受ける疑いがある場合における届出義務が課されている（犯罪収益移転防止法8条）。本契約例50条7項（81頁）は、投資事業有限責任組合契約に基づき支払うことが要求される出資金その他の金員が上記の規制を受けるものでないことについて、有限責任組合員に確認させる旨の規定である。

(4) 適格機関投資家等特例業務に関する特則

投資事業有限責任組合の無限責任組合員が、適格機関投資家等特例業務の届出を行い、組合持分の取得勧誘（自己募集）及び組合財産の運用（自己運用）を行う場合、金融商品取引法上の同特例に関する要件を満たす必要がある（第2章5(2)参照）。

本契約例においては、無限責任組合員が適格機関投資家等特例業務として組合持分の取得勧誘及び組合財産の運用の双方を行うことを前提に、取得勧誘時及び運用期間中継続して不適格投資家に該当しないことを有限責任組合員が表明保証及び確約する旨の規定（51条1項、2項（83頁））、取得勧誘時及び運用期間中継続して適格機関投資家であることを適格機関投資家たる有限責任組合員が表明保証及び確約する旨の規定（51条3項、4項（83頁））、ならびに、取得勧誘時において特例業務対象投資家であることを適格機関投資家以外の有限責任組合員が表明保証する旨の規定（51条5項（83頁））がそれぞれ置かれている。なお、特例業務対象投資家については、組合持分の取

第3章　投資事業有限責任組合の形態によるベンチャーキャピタルファンド契約の留意点　111

得勧誘又は譲渡の時点において特例業務対象投資家の要件を充足していることのみが求められるため、適格機関投資家の場合と異なり、本契約例51条4項（83頁）の組合員たる地位にある間、適格機関投資家であり続ける義務に対応するような義務を設ける必要はない。

　金融商品取引法63条7項各号は、適格機関投資家等特例業務の届出を行う者の欠格事由を定めており、適格機関投資家等特例業務の届出を行った後に欠格事由のいずれかに該当すると認められた場合には、原則として、同法63条の5第3項に基づく業務廃止命令が発出されることとされている（金融庁「金融商品取引業者向けの総合的な監督指針」（平成30年7月版、以下「金融商品取引業者等監督指針」という）Ⅸ－2－1(2)）。本契約例51条6項及び7項（83頁）は、適格機関投資家等特例業務の届出を行う無限責任組合員が、本契約締結時に欠格事由に該当しないことを表明保証し、自らが無限責任組合員の地位にある間は、欠格事由に該当しないことを義務づける旨の規定である。

　さらに、無限責任組合員が、ベンチャーファンドの要件を充足する適格機関投資家等特例業務として、組合持分の取得勧誘及び組合財産の運用を行う場合には、投資事業有限責任組合契約において、無限責任組合員がベンチャーファンドの要件を定める金融商品取引法施行令17条の12第2項各号を充足することを表明保証し、本組合の存続期間中に同要件を充足しなくなってはならないことを義務づける旨を規定することが考えられる。本契約例51条8項1文及び同条9項（83頁）は、この点について規定するものである。

　また、ベンチャーファンドの要件の1つとして、無限責任組合員は、本契約の締結までに、有限責任組合員に対し、本組合がベンチャーファンドの要件（具体的には、金融商品取引法施行令17条の12第2項1号ないし3号に掲げる要件）を充足する旨を記載した書面を交付することが必要となる（同項4号）。本契約例51条8項2文（83頁）は、有限責任組合員が、本契約締結までに無限責任組合員により当該書面が交付されたことを確認する旨の規定である。

　ベンチャーファンドの要件を充足する投資事業有限責任組合については、当該組合に有限責任組合員として出資することができる特例業務対象投資家の範囲を、投資に関する事項について知識及び経験を有する者（金融商品取

引法施行令17条の12第2項、金融商品取引業等府令233条の3各号に掲げる者）にまで拡張することができる。特例業務対象投資家の範囲を拡張して組合持分の取得勧誘及び組合財産の運用を行う場合、無限責任組合員は、投資事業有限責任組合契約に金融商品取引業等府令239条の2第1項各号に掲げる事項を定め、当該契約書の写しを所管金融庁長官等に届け出る必要がある（金融商品取引法63条9項）。無限責任組合員が新たに適格機関投資家等特例業務の届出を行った場合には当該届出日から、無限責任組合員が既に適格機関投資家等特例業務の届出を行っている場合には変更届出の原因が生じた日から、原則として3カ月以内に行わなければならない（金融商品取引業等府令239条の2第3項以下）。無限責任組合員がベンチャーファンドの特例を利用して、特例業務対象投資家の範囲を拡張して組合持分の取得勧誘及び組合財産の運用を行う場合には、投資事業有限責任組合契約において、無限責任組合員が、同契約締結後遅滞なく、本契約書の写しを所管金融庁長官等に提出することを義務づける旨を規定することが考えられる。本契約例51条10項（84頁）はこの点を規定したものである。なお、ベンチャーファンドの要件を充足する投資事業有限責任組合について、特例業務対象投資家の範囲の拡張を目的とせず、行為規制の緩和の効果のみを享受しようとする特例業務届出者たる無限責任組合員については、所管金融庁長官等に契約書の写しを提出する必要はない。

⑸　反社会的勢力等の排除

　昨今、企業と反社会的勢力との断絶が強く求められており、金融商品取引所の規則、日本証券業協会の規則や金融機関の監督指針等において反社会的勢力の排除のための措置が求められている。例えば、金融商品取引業者等監督指針においては、「暴力、威力と詐欺的手法を駆使して経済的利益を追求する集団又は個人である「反社会的勢力」をとらえるに際しては、暴力団、暴力団関係企業、総会屋、社会運動標榜ゴロ、政治活動標榜ゴロ、特殊知能暴力集団等といった属性要件に着目するとともに、暴力的な要求行為、法的な責任を超えた不当な要求といった行為要件にも着目することが重要である

（平成23年12月22日付警察庁次長通達「組織犯罪対策要綱」参照）」とされ（同監督指針Ⅲ－2－11）、特例業務届出者も同監督指針に基づき、反社会的勢力を金融商品取引から排除していくことが求められている（同監督指針Ⅸ－1）。

本契約例52条（85頁）は、全国銀行協会が公表した「銀行取引約定書に盛り込む場合の暴力団排除条項の参考例について」（2008年11月公表、2011年6月改正）の記載を参考とした反社会的勢力の排除に関する規定である。

(6) 秘密保持

投資事業有限責任組合の組合員は、組合への出資、投資先事業者への投資等を通じてさまざまな機密情報を取得することがありうるため、投資事業有限責任組合契約において、秘密保持条項を置くことが一般的である。

本契約例においては、組合員は、組合を通じて得られた情報について秘密保持と他目的利用禁止の義務を負うものとされ（49条1項、2項（80頁））、適用法令等、行政庁、裁判所、金融商品取引所又は認可金融商品取引業協会により開示することが要請される場合等には、例外的に情報を開示できるものとされている（49条3項（80頁））。

特に、無限責任組合員が金融商品取引業者の登録又は適格機関投資家等特例業務の届出を行っている場合には、当局から一定の情報の提供を求められることがあるため、投資事業有限責任組合契約上はこれに対応できるようにしておくことが重要となろう。

(7) 契約の変更

投資事業有限責任組合契約においては、契約の変更のための手続等について定めることが考えられる。本契約例54条1項（86頁）は、原則として、組合員の出資口数の一定割合の有限責任組合員の同意を得た場合に無限責任組合員が契約を変更できるものの、組合員の出資約束金額の変更については、当該変更を受ける組合員の同意も必要である旨を規定している（ベンチャーファンドの要件の1つとしても、ファンドの契約において、軽微な変更を除き、ファンドの契約の修正をする場合においては、出資者の持分の過半数以上の同意

を得なければならない旨を定めることが必要とされている（金融商品取引法施行令17条の12第2項3号、金融商品取引法63条9項、金融商品取引業等府令239条の2第1項14号））。

　なお、上記(4)で述べたとおり、無限責任組合員がベンチャーファンドの特例を利用して、特例業務対象投資家の範囲を拡張して組合持分の取得勧誘及び組合財産の運用を行う場合においては、金融商品取引法63条9項に基づき、無限責任組合員は、本契約に係る契約書の写しを所管金融庁長官等に提出することが必要となるが、写しの提出を行った契約について、金融商品取引業等府令239条の2第1項各号に掲げるベンチャーファンドの要件として記載が求められる事項に係る変更があったときは、当該変更後遅滞なく、変更に係る契約の契約書の写しを所管金融庁長官等に提出しなければならない（金融商品取引法63条10項、金融商品取引業等府令239条の2第7項）。本契約例54条4項（86頁）は、かかる変更があった場合に、無限責任組合員が変更に係る契約書の写しを所管金融庁長官等に提出することを義務づける旨の規定である。

第3章　投資事業有限責任組合の形態によるベンチャーキャピタルファンド契約の留意点　115

第 4 章

投資資産時価評価準則

1 新たに編纂した 「投資資産時価評価準則（例２）」の解説

(1) 投資事業有限責任組合にあるべき「時価」の考え方

　今般、新たに編纂した「投資資産時価評価準則（例２）」はInternational Private Equity and Venture Capital Valuation Guidelines（以下「IPEVガイドライン」という）を全面的に採用することとしているが、本章でこの準則を解説するに際し、あらためて投資事業有限責任組合が意図する時価評価の考え方についてまず説明したい。

　投資事業有限責任組合の投資資産の評価は、中小企業等投資事業有限責任組合会計規則（平成10年企庁第２号、以下「組合会計規則」という）７条２項で「時価」と規定しているが、その基本的考え方については、「投資事業組合の運営方法に関する研究会報告書（平成10年６月通商産業省）」（以下「運営研報告書」という）にて明確に記載があり、具体的には「組合員として参加している投資家に対し組合の業務の状況を正確に開示するという情報開示の本来の目的からすれば、組合の資産は時価で評価すべき」とするものである。組合会計規則は1998年８月に公示されているが、それは金融商品会計基準の1999年１月の公表前のことであり、金融商品会計基準の前の企業会計が、「取引所の相場のある有価証券」であっても、「その時価が著しく下落したときには、回復する見込があると認められる場合を除き、時価をもって貸借対照表価額とする」という取得価額主義によっていたことからすると、市場価格のない有価証券にも時価評価を要求した投資事業有限責任組合会計は当時としては先進的な考え方を導入していたものと考えられる。

　一方、具体的な時価の考え方については、「無限責任組合員は、投資事業有限責任組合の財産及び損益の状況を算定するために、投資先企業への投資資産について適正な評価額を付さなければならない。その評価額は、「市場性」ないしは「客観的事象」に基づく価額とすべきである。但し、市場性のない有価証券について、評価減を検討する場合には、組合員が評価時点で受

取れると合理的に期待できる金額（回収可能価額）を見積もる必要があり、その価額と客観的な事象に基づく金額とを比較していずれか低い価額を付さなければならない」（運営研報告書）とされている。これは、IPEVガイドラインにおける公正価値の定義である「測定日時点の市場の状況の下で、市場参加者間の秩序ある取引において、資産を売却するために受け取るであろう価格をいう」とする内容とほぼ同一であると考えられ、現状においても両者の間の考え方に大きな相違はなかったことがわかる。

⑵　IPEVガイドラインによる投資資産時価評価準則の位置づけ

a　IPEVガイドラインに基づく投資資産時価評価準則（例2）の例示の仕方の背景

　上記のとおり、投資事業有限責任組合会計においては、時価によることが求められているが、一方でその時価の評価方法は、組合契約に定めることとしている点に特徴がある（組合会計規則7条3項）。そこで、運営研報告は当時「投資事業有限責任組合における有価証券の評価基準モデル」を用意し、従前の2010年11月に経済産業省が公表した「投資事業有限責任組合モデル契約」（以下「平成22年版モデル契約」という）においても「投資証券時価評価準則」として例示されていた。

　今般追加した投資資産時価評価準則の別紙3（例2）は、「IPEVガイドラインに準拠した「公正価値」とする」旨が記載されているのみで、【別紙3（例2）解説】の部分の説明を厚くしてその概要を解説する形式となっており、従前から（例1）に記載のあるように、評価増として直近ファイナンス価格を適用することや回収可能価額の測定の簡便的方法として25％刻みで状況を例示するような具体的な評価手法についていっさいの例示の提供を行っていない。上記のとおり、投資事業有限責任組合契約に関する法律（以下「有限責任組合法」という）発足当時には、未上場株式の時価評価の概念自体に前例がなく、このような具体的手法としての例示を示すことは投資事業有限責任組合会計の実務の定着のためには非常に有用であったと思われる。一方、あくまでこれらは評価準則の1つの「モデル」として公表されていたも

第4章　投資資産時価評価準則　119

のであったものの、当初の公表後、これをさらに改定できるような具体的かつ有効な手法や考え方が開発されることはなく、特に評価減については簡便法としての25％刻みの考え方がデファクトスタンダード化してしまったというのが実態であり、実務的に各々の投資事業有限責任組合の実態にあわせた評価準則が投資事業有限責任組合契約に織り込まれることもなかった。このような点も含め従前からの「投資事業有限責任組合モデル契約」に織り込まれていること自体が、このモデルを使用することを推奨しているかのような誤解を生じさせている点もふまえて、今回の改定においては以下を理由として具体的な「モデル」としての提供を意識的に見送ったものである。

① IPEVガイドライン自体がベンチャーキャピタル投資に対する「首尾一貫した価値評価を行うための枠組みを明らかに」する[1]ことを目的としているものであることから、さらにそれに基づいた評価モデルを例示することはIPEVガイドラインに対して屋上屋を重ねることになり、今後、双方の間に矛盾が生じるリスクが否定し得ない

② 「モデル」が投資事業有限責任組合契約例として織り込まれた事実だけによって、実務において優先されて個々の投資事業有限責任組合に採用され、各々の無限責任組合員等がそれ以外を開発することなく、再びデファクトスタンダード化してしまうことの回避

③ IPEVガイドラインをベースとして無限責任組合員が策定するバリュエーションポリシーは各ファンドの特性や有限責任組合員との協議をふまえて作成されるものであり、一例として「モデル」を掲示することは、潜在的にそれ以外に開発された手法を否定しかねず、そのような誤解を生じさせる可能性があること

なお、今後、（例2）を適用する投資事業有限責任組合が増加し、各有限責任組合員で本評価準則を適用するためのバリュエーションポリシーの整備

1　「平成28年度グローバル・ベンチャー・エコシステム連携強化事業（我が国におけるベンチャー・エコシステム形成に向けた基盤構築事業）調査報告書（国内VCファンドの時価評価に係る実務指針）」（以下「実務指針」という）（一般社団法人日本ベンチャーキャピタル協会作成、経済産業省ウェブサイト掲載）13頁、http://www.meti.go.jp/policy/newbusiness/Valuation_Guidelines_IPEV_hokokusho28.pdf

が進んでいくことも想定されるが、今後、評価準則の有効な運用のためにも業界団体である一般社団法人日本ベンチャーキャピタル協会（JVCA）がケース・スタディのアップデートを継続、定期的に取りまとめて公表等を行い、実務の定着を推進するような機能が期待される。同時に、監査人が実施する監査手続面についても、特に見積りの監査の領域では、以下「3　IPEVガイドラインに基づく評価技法等に関する解説」に記載するように従来にはない検討要素や対応事項が発生することになる。会計基準の適用と監査の実施は会計制度定着のための両輪であると考えられるが、監査人と無限責任組合員との十分な協議や検討を通じた実務面において果たすべき役割は大きいものと思われる。

b　投資事業有限責任組合の会計監査における取扱い

　上述したとおり、投資事業有限責任組合会計の最大の特徴は、①投資証券の評価が時価であること、②その時価の評価方法を無限責任組合員と有限責任組合員の合意により組合契約で定めることにある。日本公認会計士協会「投資事業有限責任組合における会計上及び監査上の取扱い」（日本公認会計士協会業種別実務指針38号、以下「実務指針38号」という）では、このような投資事業有限責任組合特有の会計を運営研報告の時価評価の意義に沿って規定されたものである。すなわち、投資事業有限責任組合の財務報告の枠組みは、「組合員のニーズを満たすために策定された」ものとして特別目的の財務報告の枠組みであり（図表4－1参照）、また、投資の時価評価方法及び未実現損益の処理方法は、一般に公正妥当と認められる企業会計の基準とは異なっていることから準拠性の枠組みと整理され（実務指針38号9項）、「特別目的、準拠性」の枠組みの財務諸表に対する監査意見を表明することとしている。

　今回の（例2）によって投資評価された場合でも、この「特別目的、準拠性」の考え方に変更はない。つまり、IPEVガイドラインは「会計原則と整合するように、国際的な財務報告基準、特にIFRS及びUS GAAPの規定及びこれらに対する影響について検討」されたものであり、「投資証券の評価」に関して、これらの財務報告基準にも適用可能なものであるものの、これら

第4章　投資資産時価評価準則　121

図表4−1 準則（例2）の財務報告の枠組みにおける位置づけ

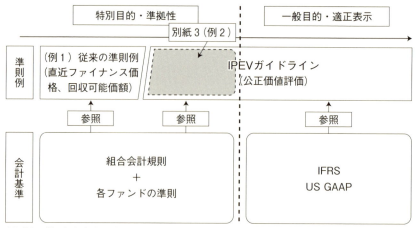

（出典）「投資事業有限責任組合契約（例）及びその解説」96頁抜粋

国際財務報告基準は、「投資証券の評価」つまり公正価値の考え方以外にも、表示や開示、その他関連の会計基準が存在し、当然にこれらが全体として適用されることがこの会計基準に準拠するための要件であることから、単純に（例2）の規定だけの適用によって、これらの会計基準への適用が可能になるわけではない。したがって、（例2）を採用することにより、例えばIFRSが適用された財務諸表であるといったような誤解がないように留意されたい。もっとも、将来においては投資事業有限責任組合の会計基準として「公正価値」を含む一般目的、適正表示の枠組みであるIFRSが適用される可能性は十分に考えられるため、今回の（例2）の公表はその過渡期に当たるものと思われる。

c 必ずしも（例2）の新しい評価準則の採用が推奨されるわけではないこと

（例2）の適用の目的は国内外の機関投資家からの出資を得るために「公正価値評価に基づくファンドパフォーマンスを算定できるような体制を整えることにより、ファンドの国内、国際間比較」（「投資事業有限責任組合契約（例）及びその解説」（以下「本契約例」という）94頁）を可能とすることにあ

図表 4 − 2　財務報告の枠組みと評価準則のイメージ

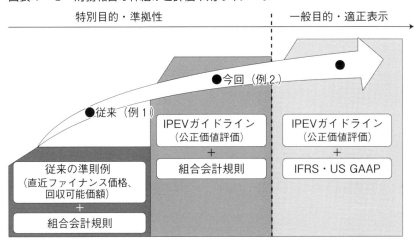

る。逆にそのような調達を必要としない環境にある等の投資事業有限責任組合の場合には、この評価方法を運用するためのガバナンス体制の整備（例えば、パートナークラスのリソース捻出と、ミドルバックの管理体制強化等）及びそのためのコストが不可避となるこの準則を適用する必要はなく、従前どおりの（例1）のような簡便な準則により運用されることが適当な場合もある。簡便な（例1）とIPEVガイドラインベース（例2）を並存させているのはこのような背景であるため、無限責任組合員は、有限責任組合員の属性やニーズを十分に理解の上、いずれの評価準則を採用すべきなのかを十分に検討する必要がある（図表4−2参照）。

2　IPEVガイドラインに基づく準則例採用時のガバナンスに関する留意事項

(1)　概　　要

　IPEVガイドラインに基づく準則例を設けたのは、前述のように公正価値評価に基づくファンドパフォーマンスを算定できるような体制を整えること

により、ファンドの国内、国際間比較を可能にするとともに、国際的に普遍的で一貫性のあるガイドラインとして認知されている公正価値評価ガイドラインを用いることにより、投資事業有限責任組合における時価評価を国際標準まで高度化することを目的としている。

　一方で、このように公正価値ベースで時価評価する場合は、マーケット・アプローチ又はインカム・アプローチを行うための事前評価手法の確立が、原則として、全ての個別投資先ごとに必要であるほか、これを少なくとも年次で運用する必要があり、また評価に必要な定量的材料を継続的に収集把握する体制が必要となる。さらにこれらを運用するためのパートナークラスのリソース捻出と、ミドルバックの管理体制強化が必須となるため、必然的に高水準の管理コストが求められることになる[2]。

　以降では、管理体制強化にあたって必要となるガバナンス関係の留意事項のうち以下の項目を紹介する。
・バリュエーションポリシーの整備と管理
・内部統制、モニタリング体制
・バックテスティング

　まずはバリュエーションポリシーの整備と、当該バリュエーションポリシーに基づく評価結果の文書化の必要性を説明するとともに、評価プロセスを適正に運用するための内部統制のモデルを提示し、最後に毎期行った評価結果とその後のEXIT時の価格の差を生んだ原因を分析することにより、それを評価プロセスにフィードバックし、さらなる評価プロセスの精緻化を行うツールであるバックテスティングという手法を紹介する。

　公正価値ベースで時価評価を行うにあたっては、従来型の評価に比べ価値算定に必要な情報量が多岐にわたり、業務が複雑化する傾向にあるため、IPEVガイドラインに基づく準則例採用時における社内体制の整備の参考とされたい。

2　本契約例95頁

⑵　ガバナンスに関する留意事項のポイント

ガバナンス関係の留意事項のなかで、特にポイントとなる事項は以下のとおりである。

a　バリュエーションポリシーの整備と管理

ファンドを運営・管理するマネジメントカンパニー、ジェネラルパートナー（GP）等は、十分に文書化された公正価値バリュエーションポリシーを整備し、管理する必要がある。公正価値バリュエーションポリシーには、通常以下の事項が含まれるが、これらに限定せず、各GP等の状況に応じて整備、管理を行うことが望まれる。

・評価を行う頻度、評価基準日
・評価を行う部門
・評価の手順、評価手法、主な調整事項
・入手すべき情報の種類及びその管理方法
・評価に関連した承認、報告プロセス
・外部の公正価値評価業者を使用する場合の基準／レビュー方法

また、以上の公正価値バリュエーションポリシーに基づき、投資種別、業種、ステージなどの投資スタイルにあわせてGPが簡易のフローチャートを作成する場合もあるが、投資先ごとの個別性は高く、最終的に総合判断が必要であると考えられる。

なお、以上の公正価値バリュエーションポリシーに基づく測定をする際は、評価対象に関する情報、評価において採用した仮定、評価手法、インプット等について、それらを採用した根拠と妥当性に関する評価、及び結論が十分に文書化されていることが望まれる（裏付けとなるサポート資料も可能な限り記録保存する）。

具体的には、以下のような事項に関しては各投資先について管理、文書化することで公正価値評価の判断根拠を明確化するとともに、当該データの蓄積が今後の投資判断や公正価値評価の精緻化に資するものと考えられる。

① 投資の背景に関する説明

第4章　投資資産時価評価準則　　125

・投資先企業の業績、投資先企業が属する業界自体の業績

・マイルストーンとその達成状況

・投資先企業の弁済能力

・ファンドが当該企業に投資した背景や理由、エグジットシナリオ等

② 仮定に関する説明

・評価をするにあたり、どのような仮定を置いたか（又は選択したか）に関する説明と、それの妥当性を裏付けるサポート資料（感応度分析等）

・使用したデータソースに関する説明

・（適用がある場合）評価において使用した将来予測値のレビューと妥当性の評価

・評価に関連して、特定の方針を実行することがある場合には、その意思と能力を明確にするための計画等の文書化

③ 評価手法に関する説明

・取得時に使用した評価モデルと、現在使用している評価モデルの整合性に関する説明

・複数手法の使用に関する説明

・直近のトランザクションに関する説明

・使用したマルチプル、比較類似会社の妥当性

・市場性（marketability）、コントロール持分／マイノリティ持分に関する考慮

・（複雑なストラクチャーにおける）株主価値の配分方法の妥当性

・評価手法を変更した場合における、変更理由の明確化

b 内部統制、モニタリング体制

　未公開株式は流動性が低く、その評価は、観測不能かつ不確実性の高いインプットが用いられるとともに、取引価額に関しても、買い手と売り手の言い値に相応の差が生じるのが通常である。そのなかで、客観的な証拠を示す例として、公正な秩序のもとに行われた取引価額があげられるが、当該取引価額をその後の評価に継続的に使用できないため、当該取引価額の基礎となる投資検討時の評価、KPI（主要業績評価指標）ならびにその後の投資先の状

況変化を考慮した手法など、未上場株式の評価は実質的な判断が求められる領域である（詳細は次項「3　IPEVガイドラインに基づく評価技法等に関する解説」を参照）。

　この点、GPの投資部門は投資先の実態を最も把握しており個々の事情に即した実質的な判断を加味した評価を行うことができる一方で利益相反の可能性等、判断にバイアスがかかる可能性がある。このため、評価実務に長けた審査部門等のコントローラが、評価モデルの適切性や利用方法の的確性の検証を目的とした定期的な評価結果の検討を行い、当該GPの評価委員会、取締役会等の経営陣によるレビュー・承認を受けるといった投資の評価に関する内部統制、モニタリング体制を構築することが必要と考えられる。

c　バックテスティング

　以上のように、評価モデルの適切性や利用方法の的確性の検証のために、審査部門等による定期的な評価結果の検討を行うことも重要なコントロールであるが、未上場株式の評価においては当該定期的なレビューと関連性の高い手続としてバックテスティングがあげられる（図表4－3参照）。未上場株

図表4－3　投資評価に関し想定される内部統制・モニタリング体制とバックテスティングイメージ

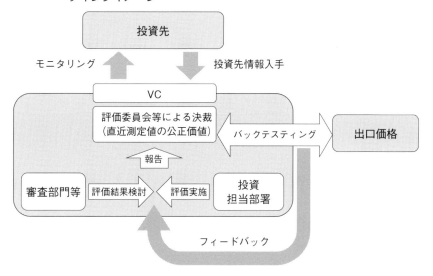

式の公正価値評価は見積りの要素が多いため、事後的に確定した投資の売却額等とその直前の公正価値評価金額とを比較し、その差はどのような事象を原因として発生したのかを分析検証することにより、当該分析結果によって明らかになった原因を評価プロセスにフィードバックし、他の案件の評価の精緻化に活かすための手法（バックテスティング）が有用と考えられており、各種ガイドラインで紹介されている。

　例えばIPEVガイドライン（2.7項）では以下のような記載がある。

　「2.7　評価者は、出口価格とそれまでの公正価値評価との間に正当な理由で重要な差異が生じている場合には、その差異を理解しなければならない。この概念はバックテストと呼ばれている。バックテストの目的は、次の事項を明確にすることにある。

① 測定日時点でどのような情報を把握していたか、あるいは把握することができたか

② 直近の公正価値の見積りを決定する際に、こうした情報がどのように考慮されたかを評価する。

③ 測定日時点で把握していた、もしくは把握可能であった情報が公正価値の算定に適切に考慮されていたかどうかを、実際の出口価格の結果を踏まえて判断する。」[3]

　また、AICPA（米国公認会計士協会）が公表を予定している[4]VC/PEファンド及び投資会社のポートフォリオ企業の投資価値評価ガイド「Working Draft of AICPA Accounting and Valuation Guide（Valuation of Portfolio Company Investments of Venture Capital and Private Equity Funds and Other Investment Companies）」（以下「AICPA投資価値評価ガイド」という）のなかで、バックテスティングの目的は、公正価値測定を開発するため投資会社のプロセスを評価し改善することであるとし[5]、評価プロセスを改善するために以下のような項目を分析することが役立つとしている。

3　実務指針37頁、38頁
4　本書執筆時点では2019年5月にAICPAより公表予定。
5　AICPA投資価値評価ガイド11.01項

・市場参加者が公正価値を見積もる上で重要な事実及び状況は、測定日とイベント日（実際の実現、流動性イベント、又は事実に関し重大な変更が発生した日付）の間で変更されたか

・これらの事実や状況は、測定日現在で知られていたか、又は知ることができたか

・ファンドの価値見積りに関するこれらの変更は何を示唆しているか

・測定日にファンドが検討しなかった可能性があるイベント日の時点で、バイヤーが考慮した他のメトリクス（尺度）又は追加の事実は何か

・実際のバイヤーは、測定日現在の市場参加者に含まれていたか。そうでない場合は、どうしてか

・２つの日付間の事実及び状況の変化を考慮して、測定日現在の仮定と比較した場合、イベント日付の価格によって推定される仮定は妥当であるか

・測定日とイベント日の間に発生した他の要因（セクター又は同位体グループの市場環境の変化、一般的な経済又は市場動向、又は他の企業固有の要因など）は、価値に影響を及ぼした可能性がないか[6]

　以上のように、公正価値評価を行うにあたってバックテスティングは一般的な概念であり、GPにおいてその適用が望まれる。

　なお、AICPA投資価値評価ガイドではバックテスティングに関する事例が掲載されているため、以下にていくつか紹介しておく。

① IPOと価格の大幅な上昇

　・事例の概要

　当該事例では、IPOの過程における状況変化により価格が大幅に上昇したケースをあげている（図表４－４参照）。

　図表４－４の当初測定時からイベント日の間には２週間程しか期間はないものの、その間において、以下の状況が発生したことにより、評価金額に差が発生していると分析している。

・株式市場全体として５％の上昇

6　AICPA投資価値評価ガイド・前掲注5・11.21項

第４章　投資資産時価評価準則　129

図表 4 − 4　IPOと価格の大幅な上昇のケース

評価時点	評価金額	評価理由
当初測定時	17.5ドル／株	・IPOのロードショー中に迎えた測定日においては、IPOの完了までのリスク等を考慮した金額にて評価
イベント日 （IPO後の売却）	25ドル／株	・当初測定日後の各種状況変化により出口価格が上昇

・同業の株価が 7 ％上昇
・投資先の顧客基盤の45％を占める国防部門の政府支出が今後 3 年間で20％
　増加する可能性
・投資先に最も類似している競合会社の製品 β 版のリリースが 6 カ月遅れる
　発表

　バックテスティングの観点から、タスクフォースは当該状況変化による評価金額の上昇には合理性があるとしている。

② 市場参加者として認識されていなかった投資家による買収
　・事例の概要

　当該事例ではイベント日において、ファンドが保有している既投資先に対し想定していない市場参加者が投資を実行したことにより、評価金額が上昇したケースをあげている（図表 4 − 5 参照）。

　当該事例に関し、AICPA投資価値評価ガイドのタスクフォースは、想定外の市場参加者の存在により評価金額とイベント日における直近の投資価格に差が生じた当該案件のような場合、直近の測定日の評価は不合理ではない旨のコメントをしている[7]。

③ 第 3 のシナリオの検討
　・事案の概要

　当該事例はあるバイオ企業への投資案件の評価を題材としている。当初投資時にはパイプラインの商業化により相当の収益を得る想定であったものの、治験中止を余儀なくする事態の発生により、図表 4 − 6 のように清算金

7　AICPA投資価値評価ガイド11.91項

130

図表 4 - 5　市場参加者として認識されていなかった投資家による買収

評価時点	評価金額	評価理由
当初測定時 （シリーズF直後）	1ドル／株	・直近の投資価格による評価
次回測定時 （シリーズG直前）	2ドル／株	・投資銀行からの1.8ドル／株でのプライベート・エクイティ・ファンドからの投資の情報 ・投資先の収益力が20％上昇している状況
イベント日 （シリーズG実行時）	5ドル／株	・通常上場証券にのみ投資する資産運用会社の関連会社による投資 ・類似会社である中国企業による高い評価額での資金調達

図表 4 - 6　第3のシナリオの検討

評価時点	評価金額	評価理由
当初測定時	1,250万ドル	・現金残高から治験失敗により発生する今後の費用を控除した金額に持分割合を乗じた金額
イベント日 （清算の方針決定）	800万ドル	・当初測定日よりも450万ドルの費用の増加により評価金額が減少 （その後清算人からの報告を待つ間、数四半期を当該評価金額にて据え置き）
イベント日 （清算配当）	500万ドル	・さらに300万ドルの費用の増加により評価金額が減少

額を評価金額として見積りを行っている。

　当該事例では徐々に清算人から発生費用の内容が明らかとなるにつれ、評価金額が減少していく過程が見て取れるが、AICPA投資価値評価ガイドのタスクフォースはこの点、各測定時において追加的な評価金額の減少を検討する第3のシナリオに重きを置いた評価を行っておくべきだったのではないかとのコメントを行っている[8]。

d　IPEVガイドライン適用会社の実例

　これまでバックテスティングに関し各種ガイドラインにおける記載を紹介

8　AICPA投資価値評価ガイド11.100項

してきたが、実際にIPEVガイドラインを適用している会社の実例を基に売却直前期における公正価値評価額と売却金額とを比較分析してみたので参考情報として紹介しておく。

　具体的には、主に英国に上場している投資会社のアニュアルレポートにおいて、IPEVガイドラインを適用して投資を評価している旨の記載が多く見受けられるため、IPEVガイドラインの適用状況の実態を探る目的で、投資先の個別銘柄ごとに公正価値評価額及びその後の売却金額の記載がある以下リストアップした会社の2014年〜2016年のアニュアルレポートの分析を実施し、最終的な売却金額と売却直前期の公正価値評価額とを比較して、どの程度乖離があるのかを調査したものである。

　なお、調査対象会社はウェブサイトからアニュアルレポートを入手可能な図表4−7にある会社を対象としており、IPEVガイドラインを適用している全ての会社を対象としたものではない点に留意いただきたい。

図表4−7　調査対象会社

3i Group plc	Albion Venture Capital Trust PLC	Baronsmead VCT plc
Baronsmead VCT 2 plc	Baronsmead VCT 3 plc	Baronsmead VCT 4 plc
Chrysalis VCT plc	Downing ONE VCT plc	Edge Performance VCT plc
Electra Private Equity PLC	Elephant Capital plc	Foresight 3 VCT
Gresham House Strategic plc	Kings Arms Yard VCT PLC	LUDGATE ENVIRONMENTAL FUND
Maven Income and Growth VCT PLC	Maven Income and Growth VCT 2 PLC	Maven Income and Growth VCT 3 PLC
Maven Income and Growth VCT 4 PLC	Maven Income and Growth VCT 5 PLC	Maven Income and Growth VCT 6 PLC
Mobeus INCOME & GROWTH VCT PLC	Mobeus Income & Growth 2 VCT plc	Mobeus Income & Growth 4 VCT plc
Origo Partners PLC	ProVen Growth & Income VCT plc	ProVen VCT plc
Puma VCT 10 plc	Puma VCT 11 plc	TAU CAPITAL PLC
The Income & Growth VCT plc	UNICORN AIM VCT PLC	

調査の結果、最終的な売却金額が売却直前期の公正価値評価額を下回っているのは3割程度、最終的な売却金額が売却直前期の公正価値評価額を上回っているのが7割弱という結果となっている（図表4－8参照）。

　図表4－8のうち最終的な売却金額が売却直前期の公正価値金額を下回っている場合を抜き出したのが図表4－9であるが、乖離率は20％未満となっているのがわかる。

　また、一方で最終的な売却金額が売却直前期の公正価値金額を上回っているケースを抜き出したのが図表4－10であるが、乖離率にもバラつきが認められる。

　以上の事例調査結果をふまえると公正価値測定の実務は保守的に実施されていることが推察される。

図表4－8　公正価値評価額と売却額との関係

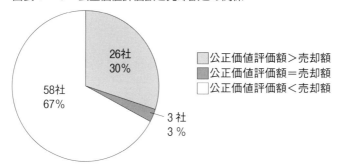

図表4－9　公正価値評価額の売却額との乖離率
（公正価値評価額＞売却額のケース）

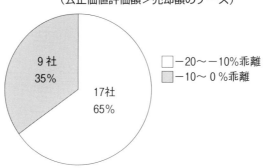

第4章　投資資産時価評価準則　133

図表4-10 公正価値評価額の売却額との乖離率
（公正価値評価額＜売却額のケース）

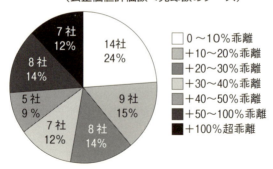

　最後に、各種ガイドラインの記載、事例調査結果をふまえると、市場環境、業界動向、投資先の状況に応じて入手できる情報に差はあるものの、各GPが置かれた環境のなかで最善の対応を行った上で評価を行い、バックテスティングの手法を用いて当該評価結果と出口価格との対比分析を積み重ねることが、公正価値評価実務のレベルアップにつながるものと考える。

3　IPEVガイドラインに基づく評価技法等に関する解説

(1)　はじめに

　IPEVガイドラインに基づく準則例を採用する際には、実務指針及び本契約例に掲載されている、①IPEVガイドラインに基づくプロセスフローチャート、②公正価値の概念、価値評価の原則、評価者が評価手法を選定するにあたっての判断基準、③各評価技法の概要及び主要なポイント、が参考となる。

　うち、①IPEVガイドラインに基づくプロセスフローチャートは、IPEVガイドライン及び米国におけるVCファンド時価評価実務をベースにしており、市場価格のない投資を、公正価値で評価する際に検討が必要とされる主

図表4－11　IPEVガイドラインに基づくプロセスフローチャート

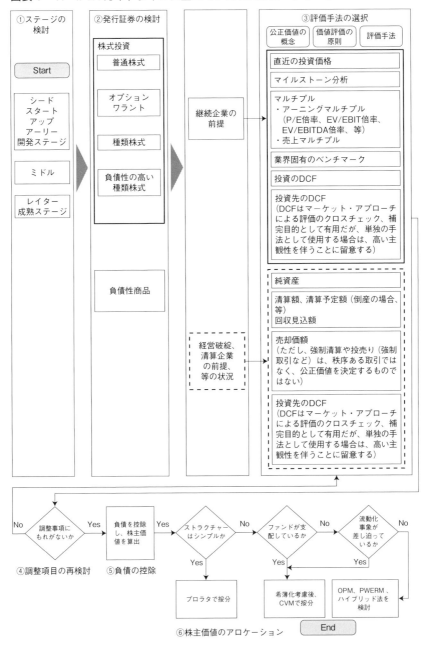

第4章　投資資産時価評価準則　135

要な項目を示したものである（図表 4 −11参照）。

プロセスフローチャートを参照するにあたっては、実際の評価プロセスは複雑な個別要素の検討と高度な実質判断を要し、個別性が高くなる点に留意されたい。

また、AICPA投資価値評価ガイド（作業原案）[9]は、業界関係者、監査人、バリュエーション・スペシャリストによるさまざまな見方の調和を図ることを目的としており、投資評価において直面するリアルなシチュエーションを通じ、理論的に判断するためのケース・スタディを含む利用しやすいガイドとして開発されているので、こちらも参考とされたい。

本節では、VCファンドにおける投資の評価において、特に重要と思われる概念、評価技法等について、IPEVガイドライン、AICPA投資価値評価ガイド（作業原案）をふまえ、解説を行う。

⑵　キャリブレーション

キャリブレーションとは、価値評価の原則の 1 つであり、IPEVガイドラインにおいて、以下のとおり説明されている[10]。

・投資先企業や金融商品への初期投資の価格が公正価値であるとみなされる場合、将来の公正価値測定に使用されると想定される評価技法を、投資実施日における市場インプットを用いて評価すべきである。このプロセスはキャリブレーションと呼ばれている。

・キャリブレーションにより、初期投資時点で当該時点における市場インプットを用いた評価技法により公正価値が算定されることが確認されれば、将来の各測定日において更新された市場インプットを用いた評価技法により公正価値が算定される。

わが国の実務では、キャリブレーションという呼称になじみはなく、具体

9　本稿執筆時点では2019年 5 月にAICPAより公表予定。
10　IPEVガイドライン I 2.6項

的なガイダンスは存在しない。しかし、わが国のVC業界をリードするプレイヤーが実施する公正価値評価において、投資先の実態を適切に評価するために、一定の調整を行う実務は存在している。当該調整はキャリブレーションという手法で説明されるものと近似するケースが多く、評価実務において非常に重要であるため、本項でその手法を紹介するものである。

なお、キャリブレーションは、米国会計基準「公正価値測定」（FASB ASC820）においても求められており、AICPA投資価値評価ガイドには詳細な説明、豊富なケース・スタディが用意されており、IPEVガイドラインに基づく公正価値評価を採用するにあたっては、大変参考となるため、ぜひ参照されたい。

a　キャリブレーションの意義

VC投資の価値評価技法においては、市場において観察不能なインプットが必要とされ、その見積りのための指標の1つとして類似上場証券の市場データを利用することは可能であるが、投資価値評価のための特定の合理的な仮定を選択することはむずかしく、また、関連する情報と評価技法を評価するにあたっては判断が必要とされる。

特に、類似上場証券の価値のレンジは非常に広く、特定のVC投資における特徴を価値評価に反映させるには、インプットと価値評価技法をより精緻にすることが必要となる。加えて、特定のVC投資と類似上場証券との間には、価値評価技法では捕捉できない重要な特徴の違いがある。例えば、アーリー・ステージのベンチャー企業は、上場類似会社と比較すると、利益は少額であるが、高成長が期待されるため、上場類似会社のPERをそのまま適用しても、かかる特徴が評価に反映されないであろう。

それゆえ、VC投資の評価において、観察不能なインプットと価値評価技法を利用する際には、投資実行時に、インプットを当該取引にキャリブレーションすることが重要となり、取引価格が公正価値を示していれば、取引価格と整合する初期の仮定一式が用意され、後の評価において、投資先企業の変化や市場の変化を反映するようアップデートしていくことになる[11]。

第4章　投資資産時価評価準則　137

b　キャリブレーションの効果

公正価値の評価においては、キャリブレーションにより以下のことが可能となる[12]。

・取引時点で選択した価値評価技法において使用された観察不能なインプットを裏付ける証拠が得られる

・キャリブレーションされた観察不能なインプットは、観察可能なデータと比較され、当該投資に特有の特徴を捕捉するために必要な調整を行うための判断材料となる

・後の評価時点において、キャリブレーションされたインプットや仮定を、取引時以降に生じた投資先の変化や市場の変化を反映するようアップデートすることで、首尾一貫した評価が可能となる

・取引価格が当初取引時点において公正価値を示しているか否かを決定する際には、取引の特徴や会計単位を考慮することが重要であるが、仮に関連当事者間取引などにより公正価値を示していない場合でも、公正価値を見積もり、取引価格と比較し、その差異をリコンサイル（調整）することがベスト・プラクティスであり、取引価格が公正価値と考えられない理由が検討され、取引初日の利得又は損失について説明される

c　事　　例

IPEVガイドラインにおける例示[13]を参考に、評価技法としてEBITDAマルチプルを選択した場合のキャリブレーションについて説明する。

（投資時）

　・取引価格は公正価値を示し、導出されたEBITDAマルチプルは10倍であった

　・比較対象企業の取引から観察されたEBITDAマルチプルは12倍であった

　・EBITDAマルチプルの差（2倍）について分析した結果、比較対象企業

11　AICPA投資価値評価ガイド10.01項
12　AICPA投資価値評価ガイド10.05項〜10.08項
13　IPEVガイドラインⅡ2.6項

との流動性、支配権その他の違いによるものと考えた

（評価時）

- ・比較対象企業のマルチプルが12倍から15倍に増加した
- ・投資時点のEBITDAマルチプルの差（2倍）を維持すべきと考え、EBITDAマルチプルを13倍（比較対象企業15倍マイナス2倍）にアップデートし、公正価値を見積もった

ここで重要なのは、投資時におけるマルチプルの差（2倍）を機械的に使用するのではなく、キャリブレーションした投資時のEBITDAマルチプル10倍を参照し、市場参加者はいくらであれば支払うかを評価することである[14]。

なお、ここで紹介した事例は比較的シンプルなものとなっているが、実際には実態を表す手段としてさまざまな手法が用いられる点に留意する必要がある。

(3) 直近の投資価格に対する調整

IPEVガイドラインにおいて、シード、スタートアップ、アーリー・ステージの企業に対するVC投資の評価には、直近の投資価格が用いられることが多いとされており、その適用に関して、以下のとおり説明されている[15]。

- ・評価者は測定日において、取引日以降に生じた変化や事象が公正価値に影響するかを検討する必要がある。
- ・評価者が、公正価値の変動に関する兆候があると判断した場合には、直近の投資価格に対する調整額を見積もる必要がある。その性質上、この調整は必然的に主観性を伴う。この見積りは、投資先企業から入手した客観的な情報と、投資専門家、又は他の投資家の経験に基づくこととなると思われる。

14　IPEVガイドラインⅡ2.6項
15　IPEVガイドラインⅡ3.3項

第4章　投資資産時価評価準則　139

AICPA投資価値評価ガイドにおいても、収益獲得前段階の企業や収益その他財務メトリクス（尺度）に基づくことができない企業については、ファイナンス取引に基づく評価が考えられている。

　すなわち、そのようなアーリー・ステージの企業においては、意味のある財務メトリクスや適切な類似企業が存在しなかったり、将来キャッシュフローの見積りが困難であったりするため、類似会社比準法やDCF法といった"伝統的"なアプローチは適当でない場合があり、そのような場合には、ファイナンス取引に基づくことが多いとされている。

　しかしながら、これらの伝統的評価技法、又はその他関連技法をファイナンス取引時に開発し、キャリブレーションすることは、投資の公正価値の将来の変化の評価に役立つと考えられている。

　一般的に、参考となる直近の資金調達ラウンドが存在しないアーリー・ステージ企業の価値評価においては、まず、前回資金調達取引における価値の"ロール・フォワード"を出発点として、当該取引にキャリブレーションした価値評価モデルを利用し、主要な仮定とインプットのアップデートが行われる[16]。

　AICPA投資価値評価ガイドにおけるケース・スタディを参考に、非財務的（非伝統的）評価メトリクスの利用事例とあわせて、次の(4)において事例について説明するので参照されたい。

　わが国におけるVC評価実務において、評価技法を直近投資価格からマルチプルに変更した結果、評価額が大幅に増減した、場合によっては、事業は順調に進展しているにもかかわらず評価額が下がったという事例も見受けられる。

　このような問題に対してキャリブレーションは解決策の1つとなるかもしれない。

　例えば、投資時点において、投資価格に対してマルチプルとそのインプットのキャリブレーションを行う。その際、比較上場企業との特性（リスク、

16　AICPA投資価値評価ガイド13.39項〜13.42項

成長性等）の違いに対する調整を行い、場合によっては、実績に基づくヒストリカル・ベース・マルチプルではなく、将来予測に基づくフォワード・ルッキング・マルチプルを検討する。その後の評価時点において、投資先企業の変化や市場の変化を反映するようインプットをアップデートする。

(4) 非財務的（非伝統的）評価メトリクス

IPEVガイドラインにおいて、業界固有の評価基準について、以下のとおり説明されている[17]。

・介護業界における「ベッド当たり価格」やケーブルテレビ業界における「加入者当たり価格」など、多くの業種において業界固有の評価基準（ベンチマーク）が存在する。
・業界ベンチマークが、信頼性があり適切な公正価値を見積もる上での主たる測定技法として用いられるのは限られた状況においてのみであり、むしろ他の技法で算出した評価の妥当性検証の際に有用となる。

また、直近投資価格を評価技法として適用している場合、取引日以降に生じた公正価値の変動の有無を判断するためのベンチマーク／マイルストーン分析において、技術関連指標、マーケティング・販売関連指標が用いられるとされている。

a AICPA投資価値評価ガイドにおける取扱い

AICPA投資価値評価ガイドにおいても、市場参加者やアナリストが利用する非財務的評価メトリクスやKPI（主要業績評価指標）は、公正価値の見積りにおいても用いられるものとして、以下のとおり説明されている[18]。
・非財務的評価メトリクスは、業界固有のもので、その業界において一般に受け入れられており、市場参加者が考慮するものでなければならない
・多くのアーリー・ステージ企業は、利益獲得前であり、従来から利用され

---

17 IPEVガイドラインⅡ3.5項
18 AICPA投資価値評価ガイド5.30項、10.02項

第4章 投資資産時価評価準則　141

ているメトリクスは利用できないため、限られた利用可能な財務的メトリクスと非財務的メトリクスを併用することになる

・当初取引時において、非財務的メトリクスは財務的メトリクスとあわせてキャリブレーションされ、その後評価時において、投資先の変化や市場の変化を反映するようアップデートされる

・価値評価に利用可能なメトリクスとその選択理由は文書化しなければならない

b 事 例

非財務的評価メトリクスのキャリブレーションについて、AICPA投資価値評価ガイドにおけるケース・スタディ12を簡略化した事例を紹介する。

（投資先企業）

・投資先企業e-ChinaTechは、eコマースとモバイル・インターネットにフォーカスしたリード・ジェネレーション・プラットフォームを運営する、上海のアーリー・ステージの企業である

・投資実行時（2X12年10月）、e-ChinaTechは、最初のPCベースのプロダクトを通じて、既に4,000万人超の検索ユーザーと約500万人のDOU（デイリー・オンライン・ユーザー）といった相当のユーザー基盤を獲得していた

・3カ月前の投資約束時点では、検索ユーザーは3,600万人、DOUは300万人で、これらの数字は投資実行時までの間に著しく増加していた

・e-ChinaTechの戦略の1つとして、モバイル・ユーザー市場に市場を広げることがあり、DMU（デイリー・モバイル・ユーザー）250万人を達成することがキー・マイルストーンとされていた

（投資の内容）

・シリーズB優先株に1,500万ドルを投資し、シェア20％（完全希釈化ベース）を獲得した。これによりe-ChinaTechの企業価値は7,500万ドルと算定された

（投資実行時 2X12年10月）

・e-ChinaTechの企業価値7,500万ドルと交渉時におけるDOU300万人から

142

逆算され導き出された1ユーザー当り企業価値は25ドルであった

企業価値 （万ドル）		DOU （万人）		企業価値／DOU （ドル）
7,500	＝	300	×	25

・交渉時には300万人であったDOUが投資実行時には500万人に増加して
　おり、単純にDOUだけで評価すれば、企業価値は1億2,500万ドルに増
　加していることになる

企業価値 （万ドル）		DOU （万人）		企業価値／DOU （ドル）
12,500	＝	500	×	25

・しかしながら、DOU数百万人とDMU250万人を達成し黒字化するとい
　うシナリオで投資を行っており、この程度のDOUの増加は交渉価格に
　織り込まれていた
・e-ChinaTechの技術は証明されておらず、ユーザー増加はいまだ収益化
　につながっておらず、将来的には追加投資が必要であることから、交渉
　時から投資実行時の間に企業価値が67％も増加したとは考えなかった
・このような考慮の結果、交渉価格は投資実行時においても公正価値を反
　映していると判断した

（評価時　2X12年12月）

	DOU （人）	DMU （人）	企業価値 （ドル）
交渉時	3,000,000	400,000	75,000,000
評価時	6,000,000	500,000	75,000,000

・DOUは600万人に、DMUは50万人に増加するなど、e-ChinaTechは成長
　の兆しをみせていた
・しかし、DMUの50万人という数字は、マーケットにおいて認知されて
　いることを示すために必要な250万人からは大きな開きがあった
・出店者向け統合プラットフォームとサブスクリプション・モデルの開発

第4章　投資資産時価評価準則　143

には時間と投資を要することが予想され、これらの構築の必要性が事業
計画の達成可能性の不確実性の増加要因となっていた

・1ユーザー当り企業価値、売上マルチプルなどさまざまな評価技法を検
討したが、e-ChinaTechの発展段階を考えると、企業価値として7,500
万ドル以上を市場参加者が払うことはないであろう、という結論に至っ
た

・さらに、事業計画と照らしたこれまでの成長と手元現金残高を考えて
も、企業価値の毀損の兆候はみられなかった

・この結果、投資の価値は当初取得時の1,500万ドルのまま変わらないと
判断した

このように特定のマイルストーンや非財務的評価メトリクスも価値評価の
根拠となる。アーリー・ステージ企業の株主価値を裏付ける特定の要因を定
量的に文書化すること、前回ファイナンス以降の価値の変化を定量的に示す
ことは困難であるため、定量的分析に加え、投資を取り巻く事象について検
討する必要がある。

(5) 種類株式

IPEVガイドラインにおいて、種類株式に関して、以下のとおり説明され
ている[19]。

・配分される帰属企業価値は、測定日時点でリアライゼーションされた
と仮定した場合に、金融商品の各保有者及びその他全ての金融商品
（保有者を問わず）に帰属する金額を反映したものでなければならない。

・その時点の企業価値で当該企業を売却した際に発動されるラチェット
方式や株式オプションやその他の仕組み（アーリー・ステージの企業に
投資した場合の残余財産の優先分配など）が組み込まれている場合に
は、これらも配分に反映させる必要がある。

---

19 IPEVガイドラインⅡ2.4項、Ⅲ5.8項

・プライベート・エクイティの投資ストラクチャーは複雑であることが多く、投資先の事業の成否により、持分の価値が上昇するステークホルダーと反対に減少する異なる権利を有するステークホルダーが混在する。

・これらの権利は定期的に見直しを行い、権利行使の可能性や行使された場合の当該ファンドの投資価値への影響の程度を検討する必要がある。評価者は、測定日ごとにこれらの権利の行使可能性を判断すべきである。

　AICPA投資価値評価ガイドにおいては、種類株式を含む複雑な資本ストラクチャーにおける株式価値評価技法として、シナリオ・ベース法、OPM、CVM、ハイブリッド法の4つが取り上げられている。

　評価技法はこれら4つに限られるものではなく、将来、別の評価技法も開発されうるものであり、また、あらゆる点あらゆる状況においてほかより優れているといえる評価技法はなく、各評価技法はそれぞれメリットと課題を有し、他の評価技法とトレード・オフの関係にあると説明されている[20]。

　VCファイナンスにおいて、優先株式は、創業株主にとっては自己の持分の希釈化を抑え高いバリュエーションで多額の資金調達を可能にするというメリットがあり、他方、VCなど投資家にとっては残余財産優先分配などダウンサイドリスクを低減するなどのメリットがあり、近年、わが国においても利用が進んでいる。

　種類株式の評価においては、権利内容、行使可能性、ペイオフなどを考慮しなければならず、ケース・バイ・ケースであり、その評価は困難であり実務も固まっておらず、今後の課題となっている。

　各評価技法について、IPEVガイドライン及び実務指針においては簡単に触れられているだけであるが、AICPA投資価値評価ガイドにおいては、詳しい説明とケース・スタディが用意されているので参考とされたい。

20　AICPA投資価値評価ガイド8.14項〜8.15項

平成22年版モデル契約と投資事業有限責任組合契約（例）の対照表

※平成22年版モデル契約は「免除／除外規程を設ける場合」を前提とする。

平成22年版モデル契約	投資事業有限責任組合契約（例）
第1章　総　　則 **第1条～第4条**　（略） **第5条　組合の事業** 組合員は、本組合の事業として、共同で次に掲げる事業を行うことを約する。 ①～⑥　（略） ⑦　事業者の所有する工業所有権又は著作権の取得及び保有（これらの権利に関して利用を許諾することを含む。） ⑧　第5条第①号から第⑦号までの規定により本組合がその株式、持分、新株予約権、指定有価証券、金銭債権、工業所有権、著作権又は信託の受益権を保有している事業者に対して経営又は技術の指導を行う事業 ⑨　投資組合等に対する出資 ⑩　第5条第①号から第⑨号の事業に付随する事業であって、次に掲げるもの。 （i）　事業者が発行し又は所有する約束手形（金融商品取引法第2条第1項第15号に掲げるものを除く。）の取得及び保有を行う事業 （ii）　譲渡性預金証書の取得及び保有を行う事業 （iii）　（i）に規定する約束手形、金融商品取引法第2条第1項第3号に掲げる債券、同法第2条第1項第4号に掲げる特定社債券、同法第2条第1項第5号に掲げる社債券、同法第2条第1号第11号に掲げる投資法人債券若しくは同法第2条第1項第15号に掲げる約束手形に表示されるべき権利又は事業者に対する金銭債権に係る担保権の目的である動産の売買、交換若しくは貸借又はその代理若しくは媒介を行う事業 ⑪　外国法人の発行する株式、新株予約	**第1章　総　　則** **第1条～第4条**　（略） **第5条　組合の事業** 組合員は、本組合の事業として、共同で次に掲げる事業を行うことを約する。 ①～⑥　（略） （削除） ⑦　第5条第①号から第⑥号までの規定により本組合がその株式、持分、新株予約権、指定有価証券、金銭債権又は信託の受益権を保有している事業者に対して経営又は技術の指導を行う事業 ⑧　投資組合等に対する出資 ⑨　第5条第①号から第⑧号の事業に付随する事業であって、次に掲げるもの （i）　事業者が発行し又は所有する約束手形（金融商品取引法第2条第1項第15号に掲げるものを除く。）の取得及び保有を行う事業 （ii）　譲渡性預金証書の取得及び保有を行う事業 （iii）　（i）に規定する約束手形、金融商品取引法第2条第1項第3号に掲げる債券、同項第4号に掲げる特定社債券、同項第5号に掲げる社債券、同項第11号に掲げる投資法人債券若しくは同項第15号に掲げる約束手形に表示されるべき権利又は事業者に対する金銭債権に係る担保権の目的である動産の売買、交換若しくは貸借又はその代理若しくは媒介を行う事業 ⑩　外国法人向け出資等の取得及び保有

平成22年版モデル契約	投資事業有限責任組合契約（例）
<u>権若しくは指定有価証券若しくは外国法人の持分又はこれらに類似するもの（以下「外国法人向け出資等」という。）</u>の取得及び保有であって、その取得の価額の合計額の総組合員の出資履行金額の合計額に対する割合が［100］分の［50］に満たない範囲内において、前各号に掲げる事業の遂行を妨げない限度において行うもの	であって、その取得の価額の合計額の総組合員の出資履行金額の合計額に対する割合が［100］分の［50］に満たない範囲内において、前各号に掲げる事業の遂行を妨げない限度において行うもの
⑫　本契約の目的を達成するため、次に掲げる方法により行う業務上の余裕金の運用	⑪　本契約の目的を達成するため、次に掲げる方法により行う業務上の余裕金の運用
（ⅰ）〜（ⅲ）　（略）	（ⅰ）〜（ⅲ）　（略）
第6条〜第7条　（略）	**第6条〜第7条**　（略）
第2章　出　　資	**第2章　出　　資**
第8条　出　　資	**第8条　出　　資**
1．〜3．　（略）	1．〜3．　（略）
4．組合員は、出資約束期間中、<u>ポートフォリオ投資を目的として、</u>出資未履行金額の範囲内で、無限責任組合員からの［　］日前までの書面による通知（以下「追加出資請求通知」といい、追加出資請求通知による出資請求を「追加出資請求」という。）に従い、無限責任組合員が指定した日までに、<u>ポートフォリオ投資に関して必要となる</u>金額につき、各組合員がその<u>［出資約束金額／出資未履行金額］</u>に応じて按分した額を組合口座に振込送金して払い込むものとする。	4．組合員は、出資約束期間中、出資未履行金額の範囲内で、無限責任組合員からの［　］日前までの書面による通知（以下「追加出資請求通知」といい、追加出資請求通知による出資請求を「追加出資請求」という。）に従い、無限責任組合員が指定した日までに、<u>無限責任組合員が指定する</u>金額につき、各組合員がその出資約束金額に応じて按分した額を組合口座に振込送金して払い込むものとする。
5．組合員は、出資約束期間満了後においては、<u>(ⅰ)投資先事業者等に対する追加的なポートフォリオ投資を目的とする場合、又は(ⅱ)出資約束期間満了前に本組合がポートフォリオ投資の主な準備行為を行っていた場合において当該ポートフォリオ投資を完了するために必要とされるときに限り、</u>出資未履行金額の範囲内で、無限責任組合員からの［　］日前までの追加出資請求通知に従い、無限責任組合員が指定した日までに、<u>かかるポートフォリオ投資に関して必要となる</u>金額	5．組合員は、出資約束期間満了後においては、次の各号に規定する場合に限り、出資未履行金額の範囲内で、無限責任組合員からの［　］日前までの追加出資請求通知に従い、無限責任組合員が指定した日までに、次の各号に規定する場合に必要となる金額につき、各組合員がその出資約束金額に応じて按分した額を組合口座に振込送金して払い込むものとする。但し、第①号に規定する場合、追加出資請求の対象となる金額は、各組合員の出資約束金額の［　］％に相当する額

平成22年版モデル契約と投資事業有限責任組合契約（例）の対照表　147

平成22年版モデル契約	投資事業有限責任組合契約（例）
につき、[(i)の場合は当該ポートフォリオ投資の前に行われた当該投資先事業者等へのポートフォリオ投資に係る対象持分割合に応じて按分した額、また、(ii)の場合は[出資約束金額／出資未履行金額]に応じて按分した額を]組合口座に振込送金して払い込むものとする。但し、(i)の場合、追加出資請求の対象となる金額は、各組合員の出資約束金額の[　]％に相当する額を超えないものとする。	を超えないものとする。 ① 投資先事業者等に対する追加的なポートフォリオ投資を目的とする場合 ② 出資約束期間満了前に本組合がポートフォリオ投資の主な準備行為を行っていた場合において当該ポートフォリオ投資を完了するために必要とされる場合 ③ 第31条第1項に規定する本組合の費用又は第32条第2項第③号に規定する管理報酬に充当することを目的とする場合 （削除）
6．本条第3項から第5項までの規定に加え、組合員は、いつでも、第32条第1項に規定する本組合の費用に充当することを目的として、出資未履行金額の範囲内で、無限責任組合員からの[　]日前までの追加出資請求通知に従い、無限責任組合員が指定した日までに、かかる費用につき、各組合員の[出資約束金額／出資未履行金額]に応じて按分した額を組合口座に振込送金して払い込むものとする。 [但し、本組合の費用のうちポートフォリオ投資に関する費用のための追加出資請求については、各組合員が払い込むべき金額は、かかる費用につき、当該ポートフォリオ投資に係る対象持分割合に応じて按分した額によるものとし、さらに、無限責任組合員は、その裁量に基づき、より公平と認める方法による分担方法を定めることができる。]	
7．本条第3項から第5項までの規定に加え、組合員は、いつでも、第33条第2項に規定する管理報酬に充当することを目的として、出資未履行金額の範囲内で、無限責任組合員からの[　]日前までの追加出資請求通知に従い、無限責任組合員が指定した日までに、かかる管理報酬につき、第33条第2項第①号又は第②号に定める場合においては出資約束金額に	（削除）

平成22年版モデル契約	投資事業有限責任組合契約（例）
応じて按分した金額、また、同項第③号に定める場合においては出資履行金額に応じて按分した額を組合口座に振込送金して払い込むものとする。 8．第36条第1項に従い、本組合に新たに加入する者（以下「新規加入組合員」という。）及び既存組合員のうち追加出資を行う組合員（新規加入組合員と併せて以下「追加出資組合員」と総称する。）は、それぞれ無限責任組合員が書面により指定する日（以下「追加クロージング日」という。）までに、以下の金額の合計額を組合口座に振込送金して払い込むものとする。 ① (a)本条第11項に従って効力発生日から組合員とされることにより各追加出資組合員が負担することとなる管理報酬に相当する出資金、及び(b)その金額に、第33条第2項の規定に従い無限責任組合員が管理報酬をそれぞれ受領した日の翌日から追加クロージング日までの期間について年利［　］％（年365日の日割り計算とする。）でそれぞれ算出された利息金の合計額に相当する追加出資手数料を合計した額 ② (a)ポートフォリオ投資に対応して、追加クロージング日までになされた出資につき、本条第11項に従って効力発生日から組合員とされることにより当該追加出資組合員が本条第4項又は第5項に従って按分して負担すべきであった額の出資金、及び(b)その金額に、当該ポートフォリオ投資がなされた時にかかる出資を行っていればそれぞれ払込みのなされるべきであった日の翌日から追加クロージング日までの期間について年利［　］％（年365日の日割り計算とする。）でそれぞれ算出された利息金の合計額に相当する追加出資手数料を合計した額 ③ (a)本組合によって支払われるべき本	6．追加出資組合員は、それぞれ無限責任組合員が書面により指定する日（以下「追加クロージング日」という。）までに、(i)各追加出資組合員の出資約束金額に追加クロージング日時点における既存出資比率を乗じて算出した額の出資金に、(ii)本条第3項から第5項までの規定に基づき当該追加クロージング日までに行われた各払込につき、当該払込時点の既存出資比率を当該追加出資組合員の出資約束金額に乗じて算出した額に関し、当該払込のなされるべきであった日の翌日から追加クロージング日までの期間について年利［　］％（年365日の日割り計算とする。）でそれぞれ算出された利息金の合計額（以下「追加出資手数料」という。）を加算した合計額を、組合口座に振込送金して払い込むものとする。

平成22年版モデル契約と投資事業有限責任組合契約（例）の対照表　149

平成22年版モデル契約	投資事業有限責任組合契約（例）
組合の費用につき、本条第11項に従って効力発生日から組合員とされることにより当該追加出資組合員が本条第6項に従って負担すべきであった額の出資金、及び(b)その金額に、本条第11項に従って効力発生日から組合員とされることにより当該追加出資組合員が負担すべきであった本組合の費用の支払いがそれぞれ行われた日の翌日から追加クロージング日までの期間について年利［　］％（年365日の日割り計算とする。）でそれぞれ算出された利息金の合計額に相当する追加出資手数料を合計した額。第①号、第②号及び本第③号のそれぞれに規定するかかる追加出資手数料を、以下併せて「追加出資手数料」という。	
9．前項第②号及び第③号の規定にかかわらず、［(i)無限責任組合員が、その誠実な判断により、かかる金額の支払いが、ポートフォリオ投資について生じた重大な価値の変動のため、追加出資組合員の当該ポートフォリオ投資に関する持分割合が不公正なものとなると認める場合又は、第9条に掲げる状況に該当するため追加出資組合員が当該ポートフォリオ投資へ参加することが適切でないと同条の規定に準じて無限責任組合員が合理的に判断する場合には、無限責任組合員は、当該追加出資組合員を、当該ポートフォリオ投資への参加から排除することができ、(ii)］追加クロージング日までに、本組合が第29条に従い既に分配を行っていた場合には、無限責任組合員は、当該追加出資組合員が払い込む額に、その裁量により適切と考える調整を加えることができるものとする。	7．前項の規定にかかわらず、［(i)無限責任組合員が、その誠実な判断により、かかる金額の支払いが、ポートフォリオ投資について生じた重大な価値の変動のため、追加出資組合員の当該ポートフォリオ投資に関する持分割合が不公正なものとなると認める場合には、無限責任組合員は、当該追加出資組合員を、当該ポートフォリオ投資への参加から排除することができ、(ii)］追加クロージング日までに、本組合が第28条に従い既に分配を行っていた場合には、無限責任組合員は、当該追加出資組合員が払い込む額に、その裁量により適切と考える調整を加えることができるものとする。
10．無限責任組合員は、(i)本条第8項第①号の額を管理報酬として受領するものとし、(ii)同項第②号の額につき、他の組合員に対して各組合員の当該ポートフォリ	8．無限責任組合員は、本条第6項に従い払込がなされた額から、本条第9項に従って［効力発生日／当初クロージング日］から組合員とされることにより追加

150

平成22年版モデル契約	投資事業有限責任組合契約（例）
オ投資に係る対象持分割合（当該追加クロージング日における変動前の割合）に応じて、出資金についてはこれを払い戻し、追加出資手数料についてはこれを交付するものとし、(iii)同項第③号の額につき、他の組合員に対して［出資約束金額／出資未履行金額］（当該追加クロージング日における増額前の金額）の割合（但し、ポートフォリオ投資に関する費用については当該ポートフォリオ投資に係る対象持分割合（当該追加クロージング日における変動前の割合））に応じて、出資金についてはこれを払い戻し、追加出資手数料についてはこれを交付するものとする。］	出資組合員が負担することとなる管理報酬の額を、管理報酬として受領するものとする。
11. 追加出資組合員は、本条第8項に定める払込みにより、当初クロージング日（及び追加出資請求通知に応じた出資がなされている場合には、その払込日）に当該出資をなした場合と同様に本契約に基づく権利及び義務を取得する。	9. 追加出資組合員は、本条第6項に定める払込みにより、［効力発生日／当初クロージング日］（及び追加出資請求通知に応じた出資がなされている場合には、その払込日）に当該出資をなした場合と同様に本契約に基づく権利及び義務を取得する。
［12. 本条第8項第①号(b)の金額は無限責任組合員に対して、また、同項第②号(b)及び第③号(b)に定める金額は、他の組合員に対して直接に支払われたのと同様に取り扱われ、かかる支払いを行った追加出資組合員の出資とはみなされず、いずれの組合員についてもそれぞれの出資履行金額及び出資未履行金額に変動をもたらさないものとする。	（削除）
第9条　組合員の出資義務の免除及び除外	（削除）
1. 有限責任組合員は、以下の場合には、ポートフォリオ投資について、出資義務を免れる。 ① 当該有限責任組合員が、当該ポートフォリオ投資に係る追加出資請求通知において示された出資をなすことが、当該有限責任組合員に対し、法令又は投資に関する内部規則（但し、本組合加入時に無限責任組合員に通知された	

平成22年版モデル契約と投資事業有限責任組合契約（例）の対照表　151

平成22年版モデル契約	投資事業有限責任組合契約（例）
ものに限る。）の違反その他の重大な悪影響を生じさせる蓋然性があると合理的に判断し、無限責任組合員に対して出資義務の免除を請求した場合。但し、当該有限責任組合員が出資義務を免れるためには、当該有限責任組合員は、(i)無限責任組合員に対し、当該追加出資請求通知の到達の日から［　］日以内（又はその後の日で無限責任組合員がその裁量により決定する日まで）に、(1)本項第①号に基づく請求を行う旨書面により通知し、(2)法律顧問の意見書（当該法律顧問及び意見書の内容は無限責任組合員が合理的に満足できるもので、本項第①号に定める趣旨の、有限責任組合員の判断に関するものでなければならない。）を提出し、かつ、(ii)無限責任組合員が合理的に要求する、当該重大な悪影響を生じさせる蓋然性についてのその他の情報を提供しなければならない。 ② 無限責任組合員が、当該有限責任組合員が当該ポートフォリオ投資につき出資を行うことが本組合の業務、又は他の組合員に重大な悪影響を有する蓋然性があると合理的に判断し、当該ポートフォリオ投資から有限責任組合員を除外することを選択した場合。但し、無限責任組合員は、かかる選択を行った場合、当該有限責任組合員に対し、当該追加出資請求通知の到達の日から［　］日以内に、かかる除外を行うことを書面により通知しなければならない。 2．前項の免除又は除外の対象となる有限責任組合員は、前項に定める重大な悪影響を生じさせる蓋然性がある状況を解決するよう合理的な努力をしなければならず、かかる努力の結果、当該状況の全部又は一部が解決された場合、前項の規定は適用されず、又は、当該状況が解消さ	

平成22年版モデル契約	投資事業有限責任組合契約（例）
れていない限度でのみ前項の規定は適用されるものとする。 3．有限責任組合員が本条第１項に従い出資義務の免除又は除外を受けた場合、無限責任組合員は、その裁量により、当該有限責任組合員の出資なしに当該ポートフォリオ投資を行うか否かを選択することができる。無限責任組合員が当該ポートフォリオ投資を行うことを決定した場合、無限責任組合員は、当該免除又は除外がなければ当該有限責任組合員が当該ポートフォリオ投資に関して出資すべきであった金額について、他の組合員に対して、［出資約束金額／出資未履行金額］に応じて按分した額につき、出資未履行金額を超えない限度で、第８条第４項に準じて、追加での出資請求を行うことができる。	
第10条～第13条 （略）	**第9条～第12条** （略）
第３章　組合業務の執行	**第３章　組合業務の執行**
第14条　無限責任組合員の権限	**第13条　無限責任組合員の権限**
1．無限責任組合員は、第５条に規定する本組合の事業の遂行のため、本組合の名において下記の事項その他本組合の業務を執行し、裁判上及び裁判外において本組合を代表するものとする。 （以下略）	1．無限責任組合員は、第５条に規定する本組合の事業の遂行のため、本組合の名において下記の事項その他本組合の業務を決定し、執行し、裁判上及び裁判外において本組合を代表するものとする。 （以下略）
2．無限責任組合員は、ポートフォリオ投資又は本組合の費用の支払いのために本組合による金銭の借入れ及び組合財産の担保提供を行うこと、並びに、ポートフォリオ投資に関連して投資先事業者等又はその投資先が金銭の借入れを行う場合の本組合による債務の保証及び組合財産の担保提供を行うことができる。但し、本組合による借入れに係る債務、並びに、投資先事業者等又はその投資先のための債務の保証及び物上保証に係る被担保債務の合計額は、総組合員の出資約束金額の合計額の［　］％を上限とし、かつ、組合員の出資未履行金額の合計額	2．無限責任組合員は、本組合による金銭の借入れ及び第三者の債務の保証を行うことができない。但し、ポートフォリオ投資若しくは本組合の費用の支払いのためにする本組合による金銭の借入れ、又はポートフォリオ投資に関連して投資先事業者等が金銭の借入れを行う場合の本組合による債務の保証（但し、金融商品取引業等府令第233条の４第４項各号のいずれかに該当するものに限る。）であって、当該借入れに係る債務及び債務の保証に係る被担保債務の合計額が、総組合員の出資履行金額の合計額の15％未満である場合には、当該借入れ又は債務

平成22年版モデル契約と投資事業有限責任組合契約（例）の対照表　153

平成22年版モデル契約	投資事業有限責任組合契約（例）
を超えない範囲で行われるものとする。 （新設） ３．～４．（略） **第15条　無限責任組合員の注意義務** 無限責任組合員は、本組合の事業の目的に従い善良なる管理者の注意をもってその業務を執行するものとする。 **第16条～第17条**　（略） **第18条　利益相反** １．～５．（略） ６．無限責任組合員は、<u>自己又は第三者のために本組合と取引をすることができない。但し、［次に掲げる取引については、］(i)諮問委員会の委員の［　］分の［　］以上がかかる取引を承認した場合又は(ii)総有限責任組合員の出資口数の合計の［　］分の［　］以上に相当する出資口数を有する有限責任組合員がかかる取引を承認した場合［、また、次に掲げる取引以外の取引については、事前に諮問委員会又は有限責任組合員に意見陳述又は助言の提供の機会を与えた場合、］無限責任組合員は、自己又は第三者のために本組合と取引をすることができる。無限責任組合員は、かかる承認を求める場合［又は意見陳述若しくは助言の機会を与える場合］には、諮問委員会の委員又は有限責任組合員に対し、あらかじめ書面により当該取引の内容を通知するものとする。［なお、無限責任組合員は、本項に基づく諮問委員会の委員又は有限責任組合員の意見又は助言に拘束されるものではない。］</u> 　　[① 無限責任組合員（<u>その法人税法第2条第15号に規定する役員及び使用人を含む。）との間において取引を行う</u>	<u>の保証を行うことができる。</u> <u>３．無限責任組合員は、前項但書きに規定する借入れ又は債務の保証に関連して、組合財産の担保提供を行うことができる。</u> ４．～５．（略） **第14条　無限責任組合員の注意義務** 無限責任組合員は、<u>法令及び</u>本組合の事業の目的に従い善良なる管理者の注意をもってその業務を執行し<u>、有限責任組合員のために忠実に組合財産の運用を行う</u>ものとする。 **第15条～第16条**　（略） **第17条　利益相反** １．～５．（略） ６．無限責任組合員は、<u>以下に掲げる取引を行うことができない。</u> 　① <u>無限責任組合員（無限責任組合員が法人である場合は、法人税法第2条第15号に規定する役員及び使用人を含む。）との間において取引を行うことを内容とした組合財産の運用を行うこと</u> 　② <u>無限責任組合員が金融商品取引法第42条第1項に規定する権利者のため運用を行う金銭その他の財産との間において取引を行うことを内容とした組合財産の運用を行うこと</u> 　③ <u>無限責任組合員が自己又は第三者のために本組合と取引すること（本項第①号及び第②号の取引を除く。）</u>

平成22年版モデル契約	投資事業有限責任組合契約（例）
ことを内容とした組合財産の運用を行うこと。 ②　無限責任組合員が金融商品取引法第42条第1項に規定する権利者のため運用を行う金銭その他の財産との間において取引を行うことを内容とした組合財産の運用を行うこと。] （新設） （新設）	7．前項第①号の規定にかかわらず、無限責任組合員が、(i)金融商品取引業等府令第128条第2号に基づき、総有限責任組合員の［半数］以上であって、かつ、総有限責任組合員の出資口数の合計の［4］分の［3］以上に相当する出資口数を有する有限責任組合員の同意その他の同号に規定される要件の全てを満たす取引を行うこと（なお、当該取引を行うことに同意しない有限責任組合員が当該取引の内容及び当該取引を行おうとする理由の説明を受けた日から［20］日以内に請求した場合には、当該取引を行った日から［60］日を経過する日までに当該有限責任組合員の有する組合持分を公正な価額で組合財産をもって買い取るものとする。）、又は、(ii)同条第3号に定める所管金融庁長官等の承認を受けた取引を行うことを内容とした組合財産の運用を行うことは妨げられない。 8．本条第6項第②号の規定にかかわらず、無限責任組合員が、(i)金融商品取引業等府令第129条第1項第1号に基づき同号に規定される要件の全てを満たす取引を行うこと、(ii)同項第2号に基づき、総有限責任組合員の［半数］以上であって、かつ、総有限責任組合員の出資口数の［4］分の［3］以上に相当する出資口数を有する有限責任組合員の同意その他の同号に規定される要件の全てを満たす取引を行うこと（なお、当該取引を行うことに同意しない有限責任組合員が当該取引の内容及び当該取引を行おうとする理由の説明を受けた日から［20］日以

平成22年版モデル契約と投資事業有限責任組合契約（例）の対照表　155

平成22年版モデル契約	投資事業有限責任組合契約（例）
	内に請求した場合には、当該取引を行った日から［60］日を経過する日までに当該有限責任組合員の有する組合持分を公正な価額で組合財産をもって買い取るものとする。）、(iii)同項第3号又は第4号に基づき総有限責任組合員の出資口数の［3］分の［2］以上に相当する出資口数を有する有限責任組合員の同意その他の同号に規定される要件の全てを満たす取引を行うこと、又は、(iv)同項第5号に定める所管金融庁長官等の承認を受けた取引を行うことを内容とした組合財産の運用を行うことは妨げられない。
（新設）	9．本条第6項第③号の規定にかかわらず、事前に諮問委員会又は有限責任組合員に意見陳述又は助言の提供の機会を与えた場合、無限責任組合員は、自己又は第三者のために本組合と取引（同項第①号及び第②号に規定される取引を除く。）をすることができる。なお、無限責任組合員は、本項に基づく諮問委員会の委員又は有限責任組合員の意見又は助言に拘束されるものではない。
（新設）	10．無限責任組合員は、本条第7項及び第8項に基づく同意を求める場合又は本条第9項に基づき意見陳述若しくは助言の機会を与える場合には、それぞれの場合に応じ、諮問委員会の委員又は有限責任組合員に対し、あらかじめ書面により当該取引の内容（取引の対象及びその価額を含む。）を通知するものとする。
第19条　諮問委員会 1．～4．　（略） 5．　（略） ①　前条第2項に定める行為及び前条第6項に定める取引について無限責任組合員から事前にその［承認／承認又は意見陳述若しくは助言］を求められたものについての［承認／承認又は意見陳述若しくは助言］。 ②　第①号に規定する行為及び取引のほ	**第18条　諮問委員会** 1．～4．　（略） 5．　（略） ①　前条第2項に定める行為及び前条第6項第③号に定める取引について無限責任組合員から事前にその［承認／承認又は意見陳述若しくは助言］を求められたものについての［承認／承認又は意見陳述若しくは助言］ ②　第①号に規定する行為及び取引のほ

平成22年版モデル契約	投資事業有限責任組合契約（例）
か、本組合の利益と相反し又は相反する可能性のある無限責任組合員又はその役員若しくは従業員の行為又は取引のうち、無限責任組合員から事前にその［承認／意見陳述又は助言］を求められたものについての［承認／意見陳述又は助言］。 ③　（略） 6．～12.　（略） **第4章　組合員の責任** **第20条～第21条**　（略） **第5章　組合財産の運用及び管理** **第22条　組合財産の運用** 1．　（略） 2．無限責任組合員が投資先事業者等に対し追加的なポートフォリオ投資を行う場合には、事前に有限責任組合員に対しその旨を通知することにより、有限責任組合員に意見を述べる機会を与えなければならない。但し、当該投資先事業者等との間で当初投資する際に締結した投資契約に基づき行われる場合はこの限りではない。なお、無限責任組合員は、追加的なポートフォリオ投資を行う場合、本項に基づく有限責任組合員の意見に拘束されるものではない。 （新設） （新設）	か、本組合の利益と相反し又は相反する可能性のある無限責任組合員又はその役員若しくは従業員の行為又は取引（前条第6項第①号及び第②号の取引を除く。）のうち、無限責任組合員から事前にその［承認／意見陳述又は助言］を求められたものについての［承認／意見陳述又は助言］ ③　（略） 6．～12.　（略） **第4章　組合員の責任** **第19条～第20条**　（略） **第5章　組合財産の運用及び管理** **第21条　組合財産の運用** 1．　（略） （削除） 2．無限責任組合員は、総組合員の出資履行金額の合計額から現金及び預貯金の合計額を控除した額の［100］分の［80］を超える額を充てて、金融商品取引法施行令第17条の12第2項第1号イに規定する有価証券に対してポートフォリオ投資を行うものとする。 3．無限責任組合員は、出資約束期間中に限り、ポートフォリオ投資を行うことができるものとする。但し、投資先事業者等に対する追加的なポートフォリオ投資、又は、出資約束期間満了前に本組合がポートフォリオ投資の主な準備行為を行っていた場合に行うポートフォリオ投

平成22年版モデル契約	投資事業有限責任組合契約（例）
	資については、出資約束期間満了後であってもこれを行うことができるものとする。
3．（略）	4．（略）
4．［無限責任組合員は、ポートフォリオ投資を実行する際、当該投資先事業者等との間で、無限責任組合員が当該ポートフォリオ投資に関して適切と認める内容の投資契約を締結するものとする。］	5．無限責任組合員は、ポートフォリオ投資を実行する際、当該投資先事業者等との間で、無限責任組合員が当該ポートフォリオ投資に関して適切と認める内容の投資契約を締結するよう努めるものとする。
5．（略）	6．（略）
6．前各項に定めるほか、投資の時期及び方法、投資証券等及び投資知的財産権の処分の時期及び方法、新株予約権の行使等組合財産の運用、管理及び処分に関する事項は全て、無限責任組合員の裁量により行われるものとする。	7．前各項に定めるほか、投資の時期及び方法、投資証券等の処分の時期及び方法、新株予約権の行使等組合財産の運用、管理及び処分に関する事項は全て、無限責任組合員の裁量により行われるものとする。
［7．無限責任組合員は、ポートフォリオ投資を実行した場合、次に掲げる事項を、各組合員に対し、遅滞なく、書面により通知するものとする。	8．無限責任組合員は、ポートフォリオ投資を実行した場合、次に掲げる事項を、各組合員に対し、遅滞なく、書面により通知するものとする。
① （略）	① （略）
② 当該ポートフォリオ投資に係る投資証券等又は投資知的財産権の種類及び数。	② 当該ポートフォリオ投資に係る投資証券等の種類及び数
③ （略）］	③ （略）
8．有限責任組合員は、無限責任組合員に対し、投資証券等及び投資知的財産権の選定その他組合財産の運用について意見を述べることができる。（以下略）	9．有限責任組合員は、無限責任組合員に対し、投資証券等の選定その他組合財産の運用について意見を述べることができる。（以下略）
第23条　組合財産の管理 （新設）	**第22条　組合財産の管理** 1．無限責任組合員は、本契約に基づき出資された金銭を、金融商品取引法第40条の3及び金融商品取引業等府令第125条に掲げる基準を満たす態様で、無限責任組合員の固有財産その他無限責任組合員の行う他の事業に係る財産と分別して管理するものとする。また、無限責任組合員は、組合財産を、金融商品取引法第42条の4及び金融商品取引業等府令第132条各項に掲げる定める方法により、無限

平成22年版モデル契約	投資事業有限責任組合契約（例）
	責任組合員の固有財産及び他の運用財産と分別して管理するものとする。
1．～2．　（略）	2．～3．　（略）
3．その他組合財産の管理に関する事項は、無限責任組合員がその裁量により適切と考える方法で行うものとする。	4．その他組合財産の管理に関する事項は、法令に従い、無限責任組合員がその裁量により適切と考える方法で行うものとする。
第6章　会　　計	第6章　会　　計
第24条　会　　計　（略）	第23条　会　　計　（略）
第25条　財務諸表等の作成及び組合員に対する送付	第24条　財務諸表等の作成及び組合員に対する送付
1．　（略）	1．　（略）
2．無限責任組合員は、前項の附属明細書において、本組合が投資勘定において保有する投資証券等及び投資知的財産権については本契約添付別紙3に定めるところに従い、各事業年度期末時点における評価額を記載するものとする。	2．無限責任組合員は、前項の附属明細書において、本組合が投資勘定において保有する投資証券等については本契約添付別紙3に定めるところに従い、各事業年度期末時点における評価額を記載するものとする。
3．　（略）	3．　（略）
（新設）	4．無限責任組合員は、事業年度ごとに、金融商品取引法第42条の7第1項に規定する運用報告書を事業年度ごとに作成し、本条第1項に規定する財務諸表等とともに、組合員に対して送付するものとする。なお、金融商品取引業等府令第134条第1項第1号に規定する運用報告書の対象期間は1年とする。
（新設）	5．無限責任組合員は、前項の運用報告書において、金融商品取引業等府令第134条第1項各号に掲げる事項を記載するものとする。但し、同項各号に掲げる事項のうち、第3号ハに掲げる、対象期間における金融商品取引行為の相手方の商号、名称又は氏名については、当該相手方から記載について同意を得られない場合には記載を要しない。
4．　（略）	6．　（略）
5．無限責任組合員は、財務諸表等を、本契約書及びその監査に関する意見書とともに5年間本組合の主たる事務所に備え置くものとする。	7．無限責任組合員は、財務諸表等を、本契約書、運用報告書及びその監査に関する意見書とともに5年間本組合の主たる事務所に備え置くものとする。

平成22年版モデル契約と投資事業有限責任組合契約（例）の対照表　　159

平成22年版モデル契約	投資事業有限責任組合契約（例）
第7章　投資先事業者の育成 第26条　投資先事業者の育成　（略） 第8章　組合財産の持分と分配 第27条　組合財産の帰属　（略） 第28条　損益の帰属割合	第7章　投資先事業者の育成 第25条　投資先事業者の育成　　（略） 第8章　組合財産の持分と分配 第26条　組合財産の帰属　（略） 第27条　損益の帰属割合
1．各事業年度末において、本組合の事業に関する損益については、(i)各ポートフォリオ投資の処分からの損益、各ポートフォリオ投資に係る費用その他各ポートフォリオ投資に帰せられる損益は当該各ポートフォリオ投資に参加した各組合員の当該各ポートフォリオ投資に係る対象持分割合に応じて各組合員に帰属し、(ii)いずれのポートフォリオ投資にも帰せられない損益は各組合員の出資約束金額（但し、第33条第2項第③号に規定する管理報酬については出資履行金額）の割合に応じて各組合員に帰属するものとする。但し、これによりいずれかの有限責任組合員の持分金額が零を下回ることとなる場合（かかる本項但書きを適用せずに計算した持分金額を「仮持分金額」という。）には、当該有限責任組合員の持分金額は零とし、当該零を下回る部分に相当する損失は全て無限責任組合員に帰属するものとする。	1．各事業年度末において、本組合の事業に関する損益は、各組合員にその出資履行金額の割合に応じて帰属するものとする。但し、これにより有限責任組合員の持分金額が零を下回ることとなる場合には、有限責任組合員の持分金額は零とし、当該零を下回る部分に相当する損失は全て無限責任組合員に帰属するものとする。
2．前項但書きの規定に従い損失が無限責任組合員に帰属した場合、有限責任組合員の仮持分金額が零以上にならない範囲で、前項本文の規定に従った場合に当該有限責任組合員に帰属すべき本組合の損益は全て無限責任組合員に帰属し、当該範囲を超える本組合の利益がある場合、当該利益は当該有限責任組合員に帰属する。 （新設）	2．前項但書きの規定に従い損失が無限責任組合員に帰属した結果その持分金額が零を下回ることとなった場合、無限責任組合員の持分金額が零以上にならない範囲で本組合の損失は全て無限責任組合員に帰属し、当該範囲を超える本組合の利益がある場合、当該利益は各組合員に帰属する。 3．前二項にかかわらず、第28条第4項第②号に基づく無限責任組合員への分配が行われる場合（同条第2項柱書き但書きの定めに従い無限責任組合員の裁量により分配を留保した場合を含む。）は、当該分配額に相当する利益が無限責任組合

平成22年版モデル契約	投資事業有限責任組合契約（例）
	員に帰属し、当該分配額を除く利益が前二項の規定に従い各組合員に帰属するものとする。
第29条　組合財産の分配 1.　（略） 2.　無限責任組合員は、第30条により認められる範囲において、以下に定めるところに従い、無限責任組合員がその裁量により決定する時において分配額を確定し、各組合員及び各脱退組合員（以下「組合員等」という。）に対しそれぞれ組合財産の分配を行うものとする。［但し、無限責任組合員は、その裁量で、本組合の費用、無限責任組合員に対する管理報酬、本組合の債務及び公租公課の支払等のため必要な場合には、本条に基づく分配を留保することができる。］ ①　無限責任組合員は、あるポートフォリオ投資に係る投資証券等及び／又は投資知的財産権について売却その他の処分、償還、消却、買受け、払戻し、又は弁済がなされること（以下「処分等」と総称する。）により金銭（以下「処分収益」という。）を受領したときは、かかる金銭の受領後［　］ヶ月以内の無限責任組合員がその裁量により指定する日において、当該ポートフォリオ投資に係る対象組合員等（以下に定義する。）に対し、当該処分収益から、処分等に要した諸費用（もしあれば）及び公租公課（もしあれば）並びに当該処分等の時において支払期限が到来していた当該ポートフォリオ投資に係る本組合の費用（もしあれば）の合計額を控除した上、本条第4項の定めに従い成功報酬（もしあれば）の額を控除した残額に相当する金銭を、当該各対象組合員等の対象持分割合（但し、脱退組合員については当該脱退組合員の脱退当時を基準とする。）に応じて按分した割合により分配するもの	**第28条　組合財産の分配** 1.　（略） 2.　無限責任組合員は、第29条により認められる範囲において、以下に定めるところに従い、無限責任組合員がその裁量により決定する時において分配額を確定し、組合員についてはその持分金額、脱退組合員については当該脱退組合員の脱退当時の持分金額の各金額に応じ按分した上、当該組合員及び当該脱退組合員に対しそれぞれ組合財産の分配を行うものとする。［但し、無限責任組合員は、その裁量により、本組合の費用、無限責任組合員に対する管理報酬、本組合の債務及び公租公課の支払等のため必要な場合には、本条に基づく分配を留保することができる。］ ①　無限責任組合員は、投資証券等について処分収益を受領したときは、かかる処分収益の受領後［　］ヶ月以内の無限責任組合員がその裁量により指定する日において、当該処分収益から、処分等に要した諸費用（もしあれば）及び公租公課（もしあれば）並びに当該処分等の時において支払期限が到来していた組合費用（もしあれば）の合計額を控除した上、本条第4項の定めに従い分配するものとする。 ②　無限責任組合員は、投資証券等に関してその他投資収益を受領したときは、かかるその他投資収益を受領した日の属する事業年度の末日から［　］ヶ月以内の無限責任組合員がその裁量により指定する日において、当該その他投資収益から、当該受領に要した諸費用（もしあれば）及び公租公課（もしあれば）並びに当該受領の時において支払期限が到来している組合

平成22年版モデル契約と投資事業有限責任組合契約（例）の対照表　　161

平成22年版モデル契約	投資事業有限責任組合契約（例）
とする。「対象組合員等」とは、ある ポートフォリオ投資について、当該 ポートフォリオ投資に関し出資をした 組合員等をいう。 ② 無限責任組合員は、あるポートフォ リオ投資に係る投資証券等及び／又は 投資知的財産権に関して配当、利息、 使用許諾料その他の収益に係る金銭 （処分収益に含まれるものを除く。） （以下、「その他投資収益」という。） を受領したときは、かかる金銭を受領 した日の属する事業年度の末日から ［　　］ヶ月以内の無限責任組合員がそ の裁量により指定する日において、当 該ポートフォリオ投資に係る対象組合 員等に対し、当該その他投資収益か ら、当該受領に要した諸費用（もしあ れば）及び公租公課（もしあれば）並 びに当該受領の時において支払期限が 到来している当該ポートフォリオ投資 に係る組合費用（もしあれば）の合計 額を控除した上、本条第4項の定めに 従い成功報酬（もしあれば）の額を控 除した残額に相当する金銭を、当該各 対象組合員等の対象持分割合（但し、 脱退組合員については当該脱退組合員 の脱退当時を基準とする。）に応じて 按分した割合により分配するものとす る。 ③ 無限責任組合員は、組合財産に関し て生じたポートフォリオ投資に関連し ない収益その他の金銭（以下「特別収 益」という。）を受領したときは、受 領の都度これを分配することを要しな いものとし、無限責任組合員がその裁 量により指定する日において、特別収 益のうち無限責任組合員がその裁量に より適切と考える額に相当する金銭 を、組合員についてはその持分金額、 脱退組合員については当該脱退組合員 の脱退当時の持分金額の各金額に応じ	費用（もしあれば）の合計額を控除し た上、本条第4項の定めに従い分配す るものとする。 ③ 無限責任組合員は、特別収益を受領 したときは、受領の都度これを分配す ることを要しないものとし、無限責任 組合員がその裁量により指定する日に おいて、特別収益のうち無限責任組合 員がその裁量により適切と考える額に 相当する金銭を分配することができる ものとする。

平成22年版モデル契約	投資事業有限責任組合契約（例）
按分した上、分配することができるものとする。 3．前項に規定する金銭の分配のほか、無限責任組合員は、<u>あるポートフォリオ投資に係る</u>投資証券等（投資証券等に係る処分等、現物配当、株式分割等により本組合が取得したもののうち金銭以外のものを含む。）を現物で分配することが<u>当該ポートフォリオ投資に関し出資をした組合員</u>の利益に適うと合理的に判断する場合（かかる判断がなされた日を「現物分配基準日」という。）、<u>当該ポートフォリオ投資に係る対象組合員等</u>に対し、現物分配基準日後速やかに、当該投資証券等の分配時評価額の総額から、分配に要する諸費用（もしあれば）及び公租公課（もしあれば）の合計額を控除した上、本条第4項に従い<u>成功報酬（もしあれば）の額（成功報酬を投資証券等の現物で支払う場合には、当該投資証券等の分配時評価額の総額）</u>を控除した残額に相当する<u>当該</u>投資証券等を、第30条により認められる範囲において、<u>対象持分割合（但し、脱退組合員については当該脱退組合員の脱退当時を基準とする。）</u>に応じ按分をした割合により、それぞれ現物により分配することができるものとする。無限責任組合員は、分配に要する諸費用及び公租公課<u>並びに成功報酬</u>の支払いにあてるため、分配される投資証券等の一部を売却することができるものとし、かかる場合、当該売却に係る投資証券等を控除した後の当該投資証券等を<u>対象組合員等</u>に対し分配するものとする。当該投資証券等が市場性のある有価証券ではない場合、無限責任組合員は、(i)現物分配を行う旨及びその理由、(ii)現物分配する投資証券等の明細、(iii)その現物分配基準日における分配時評価額の案、並びに(iv)その他その適否を判断する上で必要な事項を記載した書面を送付した上、	3．前項に規定する金銭の分配のほか、無限責任組合員は、投資証券等（投資証券等に係る処分等、現物配当、株式分割等により本組合が取得したもののうち金銭以外のものを含む。）を現物で分配することが組合員の利益に適うと合理的に判断する場合（かかる判断がなされた日を「現物分配基準日」という。）、<u>組合員及び脱退組合員</u>に対し、現物分配基準日後速やかに、当該投資証券等の分配時評価額の総額から、分配に要する諸費用（もしあれば）及び公租公課（もしあれば）の合計額を控除した上、本条第4項に従い、<u>第29条</u>により認められる範囲において、<u>組合員についてはその持分金額、脱退組合員については当該脱退組合員の脱退当時の持分金額の各金額に応じ按分をした上、それぞれ現物により分配することができるものとする。無限責任組合員は、分配に要する諸費用及び公租公課の支払いにあてるため、分配される投資証券等の一部を売却することができるものとし、かかる場合、当該売却に係る投資証券等を控除した後の当該投資証券等を<u>組合員及び脱退組合員</u>に対し分配するものとする。当該投資証券等が市場性のある有価証券ではない場合、無限責任組合員は、(i)現物分配を行う旨及びその理由、(ii)現物分配する投資証券等の明細、(iii)その現物分配基準日における分配時評価額の案、並びに(iv)その他その適否を判断する上で必要な事項を記載した書面を送付した上、<u>総有限責任組合員の出資口数</u>の合計の［　］分の［　］以上に相当する出資口数を有する有限責任組合員の承認を取得しなければならないものとする。なお、第<u>48</u>条第1項は、本項に基づき無限責任組合員が行う分配に準用する。

平成22年版モデル契約	投資事業有限責任組合契約（例）
当該ポートフォリオ投資に関し出資をした有限責任組合員の対象持分割合の合計の［　］分の［　］以上に相当する持分を有する有限責任組合員の承認を取得しなければならないものとする。なお、第49条第1項は、本項の規定に基づき無限責任組合員が行う分配に準用する。	
4．あるポートフォリオ投資に係る本条第2項第①号若しくは第②号に定める処分収益若しくはその他投資収益又は前項に定める投資証券等の分配及び成功報酬の控除は、当該ポートフォリオ投資に係る各対象組合員等について、以下に定める順位及び方法に従い行うものとする。	4．本条第2項第①号若しくは第②号に定める処分収益若しくはその他投資収益又は前項に定める投資証券等の分配は、以下に定める順位及び方法に従い行うものとする。
①　第1に、当該分配までに本項に基づき行われた当該対象組合員等に対する組合財産の分配額（現物分配の場合にはその分配時評価額を含む。）の累計額（以下「分配累計額」という。）及び当該分配において前2項に基づき当該対象組合員等に対し行う分配額（現物分配の場合にはその分配時評価額を含む。）（以下「分配可能額」という。）の合計額が、当該対象組合員等の出資履行金額と同額となるまで、当該対象組合員等に分配可能額の100％を分配する。	①　第1に、本項に基づき当該分配までに全ての組合員等に対して行われた組合財産の分配額（現物分配の場合にはその分配時評価額を含む。）の累計額及び当該分配において前二項に基づき全ての組合員等に対し行う分配額（現物分配の場合にはその分配時評価額を含む。）（以下「分配可能額」という。）の合計額が、全ての組合員等の［出資履行金額／出資約束金額］の合計額と同額となるまで、組合員等に分配可能額の100％を分配する。
②　第2に、分配累計額及び分配可能額の合計額から当該対象組合員等の出資履行金額を控除した額が、当該対象組合員等の出資履行金額に［α］％を乗じた金額と同額になるまで、当該対象組合員等に分配可能額の100％を分配する。	②　第2に、無限責任組合員に分配可能額から全ての組合員等の［出資履行金額／出資約束金額］の合計額を控除した額の［α］％を分配する。
③　第3に、当該分配までに本項に基づき当該対象組合員等に関し無限責任組合員に支払われた成功報酬額及び当該分配において当該対象組合員等に関し本号に基づき無限責任組合員に対して支払われる成功報酬額の合計額（以下「成功報酬累計額」という。）が、以下	③　第3に、組合員等に分配可能額から全ての組合員等の［出資履行金額／出資約束金額］の合計額を控除した額の［100－α］％を分配する。

平成22年版モデル契約	投資事業有限責任組合契約（例）
に定める金額の合計額の［β］％相当額と同額となるまで、無限責任組合員に成功報酬として分配可能額の［γ］％を支払い、当該対象組合員等に分配可能額の［(100−γ)］％を分配する。 (i) 分配累計額及び当該分配において本項第①号から本号までに基づき当該対象組合員等に対して行われる分配額の合計額から当該対象組合員等の出資履行金額を控除した額 (ii) 成功報酬累計額 ④ 第4に、無限責任組合員に成功報酬として分配可能額の［β］％を支払い、当該対象組合員等に分配可能額の［(100−β)］％を分配する。	
5. （略）	5. （略）
6. 本条第2項第①号にもかかわらず、無限責任組合員は、(i)出資約束期間内において、投資証券等若しくは投資知的財産権を取得してから［ ］ヶ月以内に当該投資証券等若しくは投資知的財産権を処分等することにより金銭を受領した場合、又は(ii)ブリッジ・ファイナンシングを行った場合で、ブリッジ・ファイナンシングの期間内に当該ブリッジ・ファイナンシングを処分等することにより金銭を受領した場合は、その裁量により、当該処分等により受領した金銭から、処分等に要した諸費用（もしあれば）及び公租公課の額（もしあれば）を控除した残額のうち、当該投資証券等若しくは投資知的財産権の取得又はブリッジ・ファイナンシングの実行に関して出資された額を限度として、再投資のために用いることができるものとする。	6. 本条第2項第①号にもかかわらず、無限責任組合員は、出資約束期間内において、投資証券等を取得してから［ ］ヶ月以内に当該投資証券等を処分等することにより金銭を受領した場合は、その裁量により、当該処分等により受領した金銭から、処分等に要した諸費用（もしあれば）及び公租公課の額（もしあれば）を控除した残額［を／のうち、当該投資証券等の取得に関して出資された額を限度として］、再投資のために用いることができるものとする。
7. ～10. （略）	7. ～10. （略）
第30条　分配制限　（略）	**第29条　分配制限**　（略）
第31条　公租公課	**第30条　公租公課**
1. ～2. （略）	1. ～2. （略）
3. 組合員等が正当な事由なく本組合の事	3. 組合員等が正当な事由なく本組合の事

平成22年版モデル契約と投資事業有限責任組合契約（例）の対照表　　165

平成22年版モデル契約	投資事業有限責任組合契約（例）
業に関し各自が負担すべき公租公課を滞納した場合、又は無限責任組合員若しくは本組合が適用法令上組合員等に関連して源泉徴収を行い若しくは組合員等に代わり若しくは組合員等に関連して公租公課の納付（更正通知、決定通知、納税告知その他日本の税務当局によりなされた課税査定により必要とされる納税を含む。）を行うことが必要とされるものと無限責任組合員が合理的に判断する場合、無限責任組合員は、その裁量により、第29条に基づく分配を行うに際し、当該組合員等に分配すべき組合財産の中から当該滞納額又は納付額に相当する現金又は現物を控除し、現物についてはその裁量により適切と認める方法によりこれを売却した上、当該公租公課を支払うことができるものとする。（以下略）	業に関し各自が負担すべき公租公課を滞納した場合、又は無限責任組合員若しくは本組合が適用法令等に基づき組合員等に関連して源泉徴収を行い若しくは組合員等に代わり若しくは組合員等に関連して公租公課の納付（更正通知、決定通知、納税告知その他日本の税務当局によりなされた課税査定により必要とされる納税を含む。）を行うことが必要とされるものと無限責任組合員が合理的に判断する場合、無限責任組合員は、その裁量により、第28条に基づく分配を行うに際し、当該組合員等に分配すべき組合財産の中から当該滞納額又は納付額に相当する現金又は現物を控除し、現物についてはその裁量により適切と認める方法によりこれを売却した上、当該公租公課を支払うことができるものとする。（以下略）
4．外国有限責任組合員は、自らが組合員でなければ日本の租税法上の恒久的施設を有することにはならず、かつ、当該外国有限責任組合員が本契約に基づき国内において事業を行っていないとすれば所得税法第164条第1項第4号に掲げる非居住者又は法人税法第141条第4号に掲げる外国法人に該当することが真実かつ正確であることを表明し、保証する。（以下略）	4．外国有限責任組合員は、自らが組合員でなければ日本の租税法上の恒久的施設を有することにはならず、かつ、当該外国有限責任組合員が本契約に基づき恒久的施設を通じて事業を行っていないとすれば所得税法第161条第1項第1号に掲げる国内源泉所得又は法人税法第138条第1項第1号に掲げる国内源泉所得を有しないこととなることが真実かつ正確であることを表明し、保証する。（以下略）
5．（略）	5．（略）
（新設）	6．有限責任組合員は、無限責任組合員がFATCA/CRSを遵守するために有限責任組合員に提出を求める書類を、全て適時に（但し、無限責任組合員が期限を指定した場合は当該期限までに）作成し無限責任組合員に提出し、その他無限責任組合員が合理的に必要な手続（有限責任組合員への本人確認の実施及び個人情報の日本国又は外国の税務当局への報告を含むが、これらに限られない。）を行うことに協力し、これに異議を述べない。
（新設）	7．有限責任組合員は、前項に従い無限責

平成22年版モデル契約	投資事業有限責任組合契約（例）
	任組合員に対して提出した書類の記載内容が真実かつ正確であることを表明し、保証する。かかる表明及び保証の内容が真実若しくは正確でないことが判明した場合は、当該有限責任組合員は直ちにかかる事実を無限責任組合員に書面にて通知するものとする。
６．（略）	８．（略）
第９章　費用及び報酬	**第９章　費用及び報酬**
第32条　費　　用	**第31条　費　　用**
１．本組合の事業に関連して発生した次に掲げる費用は、全て組合財産より支払われるものとする。	１．本組合の事業に関連して発生した次に掲げる費用は、全て組合財産より支払われるものとする。
①～⑨（略）	①～⑨（略）
⑩　本組合の事業に関連する法令等を遵守するための費用又は本組合の事業に係る法的手続に要する費用（訴訟その他の裁判手続及び行政機関による検査・調査に要する費用を含む。）	⑩　適用法令等を遵守するための費用又は本組合の事業に係る法的手続に要する費用（訴訟その他の裁判手続及び行政機関による検査・調査に要する費用を含む。）
⑪～⑭（略）	⑪～⑭（略）
２．～３．（略）	２．～３．（略）
第33条　無限責任組合員に対する報酬	**第32条　無限責任組合員に対する報酬**
１．無限責任組合員は、本組合の業務執行に対する報酬として、本条第２項に定める管理報酬及び第３項に定める成功報酬を、組合財産から受領するものとする。	１．無限責任組合員は、本組合の業務執行に対する報酬として、本条第２項に定める管理報酬を、組合財産から受領するものとする。
２．（略）	２．（略）
３．無限責任組合員は、第29条に従い組合財産の分配を行うに際し、成功報酬（もしあれば）として、同条第４項に従い算定される金額又は投資証券等を受領するものとする。なお、同条第３項に基づき投資証券等を現物により分配する場合には、当該成功報酬の金額は、当該分配に係る投資証券等の分配時評価額により計算されるものとする。	（削除）
４．無限責任組合員は、ポートフォリオ投資、又は無限責任組合員による経営若しくは技術の指導若しくは助言その他の経営支援に関連して、投資先事業者等から手数料又は報酬その他の対価（以下「控	３．無限責任組合員は、ポートフォリオ投資、又は無限責任組合員による経営若しくは技術の指導若しくは助言その他の経営支援に関連して、投資先事業者等から手数料又は報酬その他の対価（以下「控

平成22年版モデル契約と投資事業有限責任組合契約（例）の対照表　167

平成22年版モデル契約	投資事業有限責任組合契約（例）
除対象手数料等」という。）を受領することができる。無限責任組合員が控除対象手数料等を受領したときは、当該控除対象手数料等の［　］％に相当する額（以下「管理報酬控除額」という。）を、直後の管理報酬の支払日に支払われるべき管理報酬から減額するものとし、当該投資先事業者等へのポートフォリオ投資に出資した各組合員は、管理報酬控除額のうち、当該ポートフォリオ投資に係る対象持分割合に応じて按分した金額につき、当該支払日に支払われるべき管理報酬の負担を免れるものとする。（略）	除対象手数料等」という。）を受領することができる。無限責任組合員が控除対象手数料等を受領したときは、当該控除対象手数料等の［　］％に相当する額（以下「管理報酬控除額」という。）を、直後の管理報酬の支払日に支払われるべき管理報酬から減額するものとし、各組合員は、管理報酬控除額のうち、その持分金額に応じて按分した金額につき、当該支払日に支払われるべき管理報酬の負担を免れるものとする。（略）
5.　第47条に基づく本組合の清算手続における分配を行う日の時点において、各組合員等に関し、当該組合員等が出資を行うポートフォリオ投資において無限責任組合員が成功報酬を受領している場合で、かつ、(i)第29条又は第47条に基づき当該組合員等に対して行われた組合財産の分配額（現物分配の場合にはその分配時評価額を含む。以下本条において同じ。）の累計額（以下「対象分配累計額」という。）が、当該組合員等によりなされた出資履行金額の総額及び同金額の［α］％に相当する金額の合計額（以下「優先分配金額」という。）を下回るか、又は(ii)当該組合員等が出資を行う各ポートフォリオ投資に関し無限責任組合員が受領した各成功報酬のそれぞれの金額のうち、対応する各ポートフォリオ投資に出資をする当該各組合員等の対象持分割合に相当する金額の合計額（以下「対象成功報酬累計額」という。）が、当該組合員等に係る対象分配累計額から当該組合員等の出資履行金額を控除した金額及び対象成功報酬累計額の合計額の［β］％を超える場合、無限責任組合員は、(x)以下の各号に定める金額のうちいずれか大きい金額又は(y)対象成功報酬累計額の金額のうち、いずれか小さい金額	（削除）

平成22年版モデル契約	投資事業有限責任組合契約（例）
に相当する額を、本組合に速やかに返還するものとする。かかる返還金（以下「クローバック金額」という。）は、本組合への支払いをもって、当該組合員等の持分金額に帰属する。 ① クローバック金額が当該組合員等に支払われるとしたら、当該組合員等に係る対象分配累計額（クローバック金額の支払いによる増額後の金額。以下本条において同じ。）が、優先分配金額に相当することとなる金額 ② クローバック金額が当該組合員等に対して支払われるとしたら、当該組合員等に係る対象成功報酬累計額（クローバック金額の支払いによる減額後の金額。以下本条において同じ。）が、当該組合員等に係る対象分配累計額から当該組合員等の出資履行金額を控除した金額及び対象成功報酬累計額の合計額の［β］％に相当することとなる金額	
第10章　組合員の地位の変動 **第34条　持分処分の禁止**　（略） **第35条　組合員たる地位の譲渡等** １．～４．　（略） ５．前各項の規定にかかわらず、有限責任組合員は、その取得又は買付けに係る組合員たる地位を不適格投資家に対して譲渡することが禁止される。（略）	**第10章　組合員の地位の変動** **第33条　持分処分の禁止**　（略） **第34条　組合員たる地位の譲渡等** １．～４．　（略） ５．前各項の規定にかかわらず、有限責任組合員は、その取得又は買付けに係る組合員たる地位を不適格投資家に対して譲渡することが禁止される。<u>有限責任組合員は、その取得又は買付けに係る組合員たる地位を譲渡することにより、金融商品取引業等府令第234条の２第１項各号又は同条第２項各号に掲げる要件のいずれかに該当することとなる場合においては、当該譲渡は禁止される。</u>（略）
６．～10．　（略） **第36条～第38条**　（略） **第39条　有限責任組合員の除名** １．有限責任組合員が以下の事由のいずれかに該当する場合、無限責任組合員は、総有限責任組合員の出資口数の合計の	６．～10．　（略） **第35条～第37条**　（略） **第38条　有限責任組合員の除名** １．有限責任組合員が以下の事由のいずれかに該当する場合、無限責任組合員は、<u>該当する有限責任組合員を除く</u>総有限責

平成22年版モデル契約	投資事業有限責任組合契約（例）
［ ］分の［ ］以上に相当する出資口数を有する有限責任組合員の同意を得て当該有限責任組合員を除名することができる。（略） ①〜③ （略） ④ その他本契約上の重大な義務に違反した場合 ２． （略） **第40条〜第42条** （略） **第11章 解散及び清算** **第43条 解 散** １． 本組合は、下記のいずれかの事由に該当する場合、解散するものとする。 ①〜⑤ （略） ⑥ 全ての有限責任組合員が適格機関投資家でなくなり、本組合を適法に運営することが困難であると無限責任組合員が判断した場合。 ２．〜３． （略） **第44条〜第46条** （略） **第47条 清算方法** １． 本組合の解散の場合に、本組合の残余財産中に、投資証券等又は投資知的財産権が残存する場合、清算人は、その裁量により、当該投資証券等が市場性のある有価証券であるか否かを問わず、以下のいずれかの方法を選択することができるものとする。 ① 当該投資証券等の現物により分配する方法。 ② 当該投資証券等又は投資知的財産権を売却し、その売却手取金から当該売却に要した費用及び公租公課を控除した残額を分配する方法。 ２． （略） （新設）	任組合員の出資口数の合計の［ ］分の［ ］以上に相当する出資口数を有する有限責任組合員の同意を得て当該有限責任組合員を除名することができる。（略） ①〜③ （略） ④ その他本契約上の<u>表明及び保証又は</u>重大な義務に違反した場合 ２． （略） **第39条〜第41条** （略） **第11章 解散及び清算** **第42条 解 散** １． 本組合は、下記のいずれかの事由に該当する場合、解散するものとする。 ①〜⑤ （略） ⑥ 全ての有限責任組合員が適格機関投資家でなくなる<u>ことその他の事由により</u>、本組合を適法に運営することが困難であると<u>無限責任組合員が合理的に</u>判断した場合。 ２．〜３． （略） **第43条〜第45条** （略） **第46条 清算方法** １． 本組合の解散の場合に、本組合の残余財産中に、投資証券等が残存する場合、清算人は、その裁量により、当該投資証券等が市場性のある有価証券であるか否かを問わず、以下のいずれかの方法を選択することができるものとする。 ① 当該投資証券等の現物により分配する方法。 ② 当該投資証券等を売却し、その売却手取金から当該売却に要した費用及び公租公課を控除した残額を分配する方法。 ２． （略） <u>３． 本組合の清算手続における分配を行う日の時点において、無限責任組合員が第28条第４項第②号に基づく分配金を受領している場合で、かつ、(i)第28条又は本条に基づき組合員等に対して行われた組</u>

平成22年版モデル契約	投資事業有限責任組合契約（例）
	合財産の分配額（現物分配の場合にはその分配時評価額を含む。以下本条において同じ。）の累計額（以下「分配累計額」という。）が、組合員等によりなされた［出資履行金額／出資約束金額］の総額を下回るか、又は(ii)当該時点までの無限責任組合員の第28条第4項第②号に基づく分配金の累計額が、分配累計額から組合員等の出資履行金額の合計額を控除した金額及び当該時点までの無限責任組合員の同号に基づく分配金の累計額の合計額の［α］％を超える場合、無限責任組合員は、(x)以下の各号に定める金額のうちいずれか大きい金額又は(y)当該時点までの無限責任組合員の第28条第4項第②号に基づく分配金の累計額の金額のうち、いずれか小さい金額に相当する額を、本組合に速やかに返還するものとする。かかる返還金（以下「クローバック金額」という。）は、本組合への支払いをもって、各組合員等へその持分金額（脱退組合員については脱退当時の持分金額）に応じ按分の上帰属する。 ① クローバック金額が組合員等に支払われるとしたら、分配累計額（クローバック金額の支払いによる増額後の金額。以下本条において同じ。）が、組合員等［によりなされた出資履行金額／の出資約束金額］の総額に相当することとなる金額 ② クローバック金額が組合員等に対して支払われるとしたら、当該時点までの無限責任組合員の第28条第4項第②号に基づく分配金の累計額（クローバック金額の支払いによる減額後の金額。以下本条において同じ。）が、分配累計額から組合員等の［出資履行金額／出資約束金額］の合計額を控除した金額及び当該時点までの無限責任組合員の同号に基づく分配金の累計額の合計額の［α］％に相当することとな

平成22年版モデル契約	投資事業有限責任組合契約（例）
	る金額
第12章　雑　　則	**第12章　雑　　則**
第48条　許認可等	**第47条　許認可等**
1．本組合による投資先事業者等の投資証券等又は投資知的財産権の取得又は処分等に関し、日本国又は外国の適用法令に基づき、組合員のいずれかについて許可、認可、承認、届出、報告その他の手続が必要とされる場合、有限責任組合員は、自ら又は無限責任組合員の指示に従い、かかる手続を行い、かかる手続の完了後速やかにその旨を無限責任組合員に報告するものとする。（略）	1．本組合による投資先事業者等の投資証券等の取得又は処分等に関し、適用法令等に基づき、組合員のいずれかについて許可、認可、承認、届出、報告その他の手続が必要とされる場合、有限責任組合員は、自ら又は無限責任組合員の指示に従い、かかる手続を行い、かかる手続の完了後速やかにその旨を無限責任組合員に報告するものとする。（略）
2．無限責任組合員は、前項の手続が投資証券等又は投資知的財産権の取得又は処分等の前に必要である旨了知した場合には、当該手続が完了するまで投資証券等又は投資知的財産権を取得又は処分等してはならないものとする。	2．無限責任組合員は、前項の手続が投資証券等の取得又は処分等の前に必要である旨了知した場合には、当該手続が完了するまで投資証券等を取得又は処分等してはならないものとする。
3．組合員は、本組合の事業に関して組合員に対し適用される日本国及び外国の適用法令に基づく諸規制を遵守するものとし、無限責任組合員は、組合員のために必要な手続を、当該組合員の費用で合理的に可能な範囲内で履行する権限を有するものとする。	3．組合員は、適用法令等を遵守するものとし、無限責任組合員は、組合員のために必要な手続を、当該組合員の費用で合理的に可能な範囲内で履行する権限を有するものとする。
第49条　通知及び銀行口座	**第48条　通知及び銀行口座**
1．本契約に基づく全ての通知又は請求は、手渡しにより交付するか、郵便料金前払の郵便（海外の場合は航空便）若しくはファクシミリ（但し、ファクシミリの場合は直ちに郵便料金前払の郵便で確認することを条件とする。）により、本契約添付別紙1記載の各組合員の住所若しくはファックス番号（又は組合員が随時変更し、その旨を本項に定める方法に従い無限責任組合員に通知したその他の住所若しくはファックス番号）に宛てて発送するものとし、かつそれをもって足りるものとする。本項に規定する郵便による通知又は請求は発送の日から〔　　〕	1．本契約に基づく全ての通知又は請求は、手渡しにより交付するか、郵便料金前払の郵便（海外の場合は航空便）、ファクシミリ又は電子メール（但し、ファクシミリ又は電子メールにより通知又は請求を行う場合は直ちに受信の確認をすることを条件とする。）により、本契約添付別紙1記載の各組合員の住所、ファックス番号若しくはメールアドレス（又は組合員が随時変更し、その旨を本項に定める方法に従い無限責任組合員に通知したその他の住所、ファックス番号若しくはメールアドレス）に宛てて発送するものとし、かつそれをもって足りる

平成22年版モデル契約	投資事業有限責任組合契約（例）
日後に、またファクシミリによる通知又は請求は発送の時に到達したものとみなされる。 ２．～３．　（略） **第50条　秘密保持** １．～２．　（略） ３．前二項にかかわらず、無限責任組合員及び有限責任組合員は、法令、行政庁、裁判所、金融商品取引所若しくは認可金融商品取引業協会により開示することが組合員、本組合若しくは投資先事業者等に対して要請される場合、投資証券等の上場若しくは店頭登録のための引受証券会社による審査に服するために必要な場合、又は弁護士、公認会計士、税理士並びに前二項に規定するのと同等の義務を負う鑑定人、アドバイザーその他の専門家に開示する場合、当該情報を開示することができる。 ４．～５．　（略） **第51条　金融商品取引法等に係る確認事項** １．～３．　（略） （新設） ４．　（略） ５．有限責任組合員は、犯罪による収益の移転防止に関する法律（平成19年法律第22号、その後の改正を含む。）第４条第１項並びに同法施行規則（平成20年内閣府・総務省・法務省・財務省・厚生労働省・農林水産省・経済産業省・国土交通省令第１号、その後の改正を含む。）第３条及び第４条に基づき、本契約の締結に際して無限責任組合員に提示する当該	ものとする。本項に規定する郵便による通知又は請求は発送の日から［　］日後に、またファクシミリ又は電子メールによる通知又は請求は発送の時に到達したものとみなされる。 ２．～３．　（略） **第49条　秘密保持** １．～２．　（略） ３．前二項にかかわらず、無限責任組合員及び有限責任組合員は、適用法令等、行政庁、裁判所、金融商品取引所若しくは認可金融商品取引業協会により開示することが組合員、本組合若しくは投資先事業者等に対して要請される場合、投資証券等の上場若しくは店頭登録のための引受証券会社による審査に服するために必要な場合、又は弁護士、公認会計士、税理士並びに前二項に規定するのと同等の義務を負う鑑定人、アドバイザーその他の専門家に開示する場合、当該情報を開示することができる。 ４．～５．　（略） **第50条　金融商品取引法等に係る確認事項** １．～３．　（略） ４．有限責任組合員は、本契約の締結までに、無限責任組合員より、金融商品取引法第37条の３第１項各号並びに金融商品取引業等府令第82条各号、第83条第１項各号及び第87条第１項各号に掲げる事項を記載した書面の交付を受けたことを、本契約書をもって確認する。 ５．　（略） ６．有限責任組合員は、犯罪による収益の移転防止に関する法律（平成19年法律第22号。その後の改正を含む。）第４条第１項、同法施行令（平成20年政令第20号。その後の改正を含む。）第７条第１項第１号リ及び第10条から第14条まで並びに同法施行規則（平成20年内閣府・総務省・法務省・財務省・厚生労働省・農林水産省・経済産業省・国土交通省令第

平成22年版モデル契約	投資事業有限責任組合契約（例）
有限責任組合員の設立の登記に係る登記事項証明書その他の本人確認のための書類の記載内容が効力発生日において正確であることを、本契約書をもって確認する。 （新設）	1号。その後の改正を含む。）第6条から第14条までに基づき、本契約の締結に際して取引時確認のために無限責任組合員に提示等する書類の記載内容及び申告した内容が効力発生日において正確であることを、本契約書をもって確認する。 7．各有限責任組合員は、本契約に基づき支払うことが要求される出資金その他の金員が、犯罪による収益ではないこと及び組織的な犯罪の処罰及び犯罪収益の規制等に関する法律（平成11年法律第136号。その後の改正を含む。）又は国際的な協力の下に規制薬物に係る不正行為を助長する行為等の防止を図るための麻薬及び向精神薬取締法等の特例等に関する法律（平成3年法律第94号。その後の改正を含む。）の規制を受けるものでないことを確認する。また、本締結日以降もかかる規制を受けるものでないようにすることを約束し、かかる規制を受けるものであることを知った場合には、無限責任組合員に対し、直ちにその旨及びその内容を報告するとともに、可能な限り速やかに当該情報にかかる事実関係を把握・確認し、報告するものとする。
第52条　適格機関投資家等特例業務に関する特則 1．～4．　（略） （新設） （新設） （新設）	**第51条　適格機関投資家等特例業務に関する特則** 1．～4．　（略） 5．適格機関投資家以外の者として本組合に加入する有限責任組合員は、無限責任組合員に対し、組合員となった日において、特例業務対象投資家であることを表明し、保証する。 6．無限責任組合員は、有限責任組合員に対し、本契約の締結時において、金融商品取引法第63条第7項第1号イからホまでのいずれにも該当していないことを表明し、保証する。 7．無限責任組合員は、無限責任組合員たる地位にある間、金融商品取引法第63条第7項第1号イからホまでのいずれにも

174

平成22年版モデル契約	投資事業有限責任組合契約（例）
	該当することになってはならないものとする。
（新設）	8．無限責任組合員は、有限責任組合員に対し、本契約の締結時において、本組合が金融商品取引法施行令第17条の12第2項各号の要件に該当することを表明し、保証する。また、有限責任組合員は、本契約の締結までに、無限責任組合員より、同項第4号に掲げる、本組合が同項第1号から第3号までに掲げる要件に該当する旨を記載した書面の交付を受けたことを、本契約書をもって確認する。
（新設）	9．無限責任組合員は、本組合の存続期間において、本組合が金融商品取引法施行令第17条の12第2項各号の要件に該当しないことにならないようにしなければならないものとし、前項の表明保証が真実若しくは正確でないことが判明した場合、又は本組合が金融商品取引法施行令第17条の12第2項各号の要件に該当しなくなった場合には、直ちに組合員に通知するものとする。
（新設）	［10．無限責任組合員は、本契約締結後遅滞なく、本契約書の写しを所管金融庁長官等に提出するものとする。］
第53条　反社会的勢力等の排除 1．組合員は、反社会的勢力ではないこと、並びに反社会的勢力に対する資金提供若しくはこれに準ずる行為を通じて反社会的勢力の維持、運営に協力又は関与していないこと、反社会的勢力と交流を持っていないことを表明し、保証する。	**第52条　反社会的勢力等の排除** 1．組合員は、自己並びにその役員及び経営に実質的に関与している者が反社会的勢力に該当しないこと及び次の各号のいずれにも該当しないことを表明及び保証し、かつ将来にわたっても該当しないことを誓約する。 ①　反社会的勢力が経営を支配していると認められる関係を有すること ②　反社会的勢力が経営に実質的に関与していると認められる関係を有すること ③　自己、自社若しくは第三者の不正の利益を図る目的又は第三者に損害を加える目的をもってするなど、不当に反社会的勢力を利用していると認められ

平成22年版モデル契約	投資事業有限責任組合契約（例）
	る関係を有すること ④　反社会的勢力に対して資金等を提供し、又は便宜を供与するなどの関与をしていると認められる関係を有すること ⑤　役員又は経営に実質的に関与している者が反社会的勢力と社会的に非難されるべき関係を有すること
（新設）	2．組合員は、自ら又は第三者を利用して次の各号に該当する行為を行わないことを誓約する。 ①　暴力的な要求行為 ②　法的な責任を超えた不当な要求行為 ③　取引に関して、脅迫的な言動をし、又は暴力を用いる行為 ④　風説を流布し、偽計を用い若しくは威力を用いて本組合の信用を毀損し、又は本組合の業務を妨害する行為 ⑤　その他前各号に準ずる行為
2．組合員は、組合員たる地位にある間、反社会的勢力の維持、運営への協力又は関与を行わず、交流を持たないことを誓約し、前項の表明若しくは保証が真実若しくは正確でないことが判明した場合、又はかかる協力、関与又は交流の事実が生じた場合には、無限責任組合員（無限責任組合員である場合は有限責任組合員全員）に対し、直ちにその旨及びその内容を通知し、可能な限り速やかに事実関係を把握及び確認し、無限責任組合員（無限責任組合員である場合は有限責任組合員）に対し、当該事実関係を通知するものとする。	3．組合員は、組合員たる地位にある間、自己並びにその役員及び経営に実質的に関与している者が反社会的勢力若しくは第1項各号のいずれかに該当し、若しくは前項各号のいずれかに該当する行為をし、又は第1項の規定に基づく表明及び保証又は誓約に関して虚偽の申告をしたことが判明した場合、無限責任組合員（無限責任組合員である場合は有限責任組合員全員）に対し、直ちにその旨及びその内容を通知し、可能な限り速やかに事実関係を把握及び確認し、無限責任組合員（無限責任組合員である場合は有限責任組合員）に対し、当該事実関係を通知するものとする。
（新設）	4．無限責任組合員は、投資先事業者等との間で投資契約を締結する場合、投資先事業者に、第1項及び第2項において組合員が負うものと同様の表明、保証及び確約を行わせるものとする。

平成22年版モデル契約	投資事業有限責任組合契約（例）
第54条　表明保証等の違反による補償 （略） **第55条　本契約の変更** 1 ．～ 3 ．　（略） （新設）	**第53条　表明保証等の違反による補償** （略） **第54条　本契約の変更** 1 ．～ 3 ．　（略） ［ 4 ．無限責任組合員は、本契約の変更（金融商品取引業等府令第239条の 2 第 1 項各号に掲げる事項の変更に限る。）があったときは、当該変更後遅滞なく、変更に係る契約書の写しを所管金融庁長官等に提出しなければならない。］
第56条～第57条　（略）	**第55条～第56条**　（略）

事項索引

【英字】

AICPA投資価値評価ガイド …… 129,
　　　　　　　　136,140,141,145
CRS（Common Reporting
　Standard）………………… 98,99
EBITDAマルチプル ………… 138,139
FATCA（Foreign Account
　Tax Compliance Act）………… 98
Follow-on Investment …………… 60
ILPA（Institutional Limited
　Partners Association）…… 3,10,17,
　　　　　　　　　　　　　　　53
ILPA原則（Private Equity
　Principles）…… 10,17,53,55,59,61,
　　　　　62,73,81,88,89,94,95,96
IPEVガイドライン（Interna-
　tional Private Equity and
　Venture Capital Valuation
　Guidelines）…… 2,10,13,17,18,83,
　　　　　118,134,138,139,145
LPクローバック ………………… 96
No Fault Divorce ………… 62,107

【あ】

アドバイザリー・コミッティー
　（アドバイザリー・ボード）……… 80
アマ成り ……………………… 48

【う】

ウォーターフォール ……………… 87
運用財産相互間取引 …… 71,72,74,75
運用報告書 ……………………… 83

【お】

親ファンド …………………… 45

【か】

外国有限責任組合員 ………… 96,97
回収可能価額 ………………… 14,15
観察不能なインプット ……… 137,138
管理報酬 ……………… 56,63,94,95

【き】

キーパーソン条項（キーマン条項）
　……………………………… 61,69
機関投資家 …… 3,7,8,10,13,16,17,18
議決権保有規制 ………………… 78
既存ファンド …………………… 73
キャッチアップ ………………… 88
キャピタル・コール …… 55,58,59,66,
　　　　　　　　　　　　　87,92
キャリード・インタレスト ……… 85
キャリブレーション …… 136,137,138,
　　　　　　　　　139,140,142
銀行法 ………………………… 78,91
金銭の借入れ …………………… 70
金融商品会計基準 …………… 14,16
金融商品取引業者 …………… 71,109
金融商品取引法 …… 9,34,108,109
金融商品に関する会計基準 ……… 83
金融商品販売業者等 …………… 109
金融商品販売法 ……………… 109

【く】

組合員集会 …………………… 79
組合員の脱退 ………………… 104
組合費用 ……………………… 56,93
クローバック ………………… 89

【け】

ケイマン・ファンド ……………… 27
契約締結前交付書面 …………… 108
現物分配 …………………………… 90

【こ】

恒久的施設（PE）…………… 29,96
公正価値 ………… 13,15,17,119
公正価値バリュエーションポリ
　シー ……………………………… 125
公正価値評価 ……………… 7,14,15
公正価値ベース ………………… 17
国内VCファンドの時価評価に
　係る実務指針 ………………… 2,13
子ファンド ………………………… 45

【さ】

再生ファンド …………………… 22
再投資 …………………………… 92
債務保証 …………………………… 70

【し】

ジェネラルパートナー …………… 125
時価評価…… 2,3,8,10,13,14,15,16,
　　　　　　　　　　　　　　17,18
事業者 …………………………… 33
自己運用 …………………… 34,40,47
自己取引 …………………… 71,72,74
自己募集 …………………… 35,40
私募 ……………………………… 108
諮問委員会 ………………… 65,80,90
出資未履行金額 ………………… 56,58
出資約束期間 ……………… 60,62,94
出資約束金額 ………… 56,58,63,87
出資履行金額 …………………… 56,87
主要担当者事由 ………………… 62
種類株式 ………………… 144,145
承継ファンド ………………… 73,94

【す】

スピンアウトベンチャー ………… 69

【せ】

成功報酬 ……………………………… 86
清算人 ……………………………… 107
セカンダリーファンド …………… 22
善管注意義務 ……………… 71,72,74

【た】

第二種金融商品取引業 ……… 35,109
脱退組合員 ……………………… 106

【ち】

忠実義務 ………………… 71,72,74
中小企業等投資事業有限責任組
　合会計規則（平成10年企庁第
　2号）（投資事業有限責任組
　合会計規則）………………… 8,118
中小企業等投資事業有限責任組
　合契約に係る税務上の取扱い
　について ………………………… 8
中小機構（独立行政法人中小企
　業基盤整備機構）…… 52,55,59,63,
　　　　　　　　67,69,70,88,91,92
直近投資価格 ………… 139,140,141

【つ】

追加加入 ……………………… 100
追加出資 ……………………… 100

【て】

ディール・バイ・ディール …… 87,89
適格機関投資家 ………… 9,11,12,102
適格機関投資家等 ………… 35,36,44
適格機関投資家等特例業務 … 3,9,11,
　34,35,40,44,68,71,74,76,83,102,
　　　　　　　　　　　　108,111

事項索引　179

デラウエア・ファンド ……………29

【と】

投資委員会 …………………28,69
投資一任契約 …………………71
投資運用業 …………35,72,74,83
投資ガイドライン ……………67,81
投資期間 ………………………60
投資事業有限責任組合 ………26,31
投資事業有限責任組合契約（例）
　及びその解説（本契約例）……3,52
投資事業有限責任組合における
　会計上及び監査上の取扱い……83,
　　　　　　　　　　　　　　121
投資事業有限責任組合法（有責
　法、LPS法）…………………2,7
投資事業有限責任組合モデル契
　約（平成22年版モデル契約）…2,9,
　　27,52,56,58,83,85,88,89,92
投資資産時価評価準則…2,14,15,118
投資総額 ………………………94
独占禁止法 ……………………78,91
特定投資家 …………48,49,84,109
匿名組合 ………………………24
独立行政法人中小企業基盤整備
　機構→中小機構
特例業務対象投資家 ………38,49,111

【に】

任意組合 ………………………7

【は】

ハードル・レート ……………88
バイアウトファンド …………21
バスケット条項 ………………94
パススルー（パススルー課税）
　…………………9,24,25,27,29
バックテスティング（バックテ

スト）……………127,128,129
犯罪収益移転防止法 …………110,111
反社会的勢力 …………………113

【ひ】

非財務的メトリクス（非財務的
　評価メトリクス）…………141,142

【ふ】

ファンド・オブ・ファンズ ………21
ファンドパフォーマンス …………16
不適格投資家 …………………45,102
プライベートエクイティファン
　ド（PEファンド）…………20,52,55
ブリッジ・ファイナンシング ……92
プロ成り ………………………48
分配金 …………………………65
分配時評価額 …………………90
分配の順序 ……………………87

【へ】

平成22年版モデル契約→投資事
　業有限責任組合モデル契約
ベンチマーク／マイルストーン
　分析 …………………………141
ベンチャーキャピタルファンド
　（VCファンド）……20,22,40,58,61,
　　　　　　63,67,68,69,92
ベンチャーファンド特例 ……11,40,
　　　　　　　　102,113,115
ベンチャーファンドの要件 ……40,68,
　　70,76,79,81,82,84,106,112,114

【ほ】

保険業法 ………………………78,91

【ま】

マネー・ロンダリング ············· 110

【み】

民法上の組合 ·························· 23

【む】

無限責任組合員 ······ 20,26,34,66,72,
85,102,103
無限責任組合員の除名 ············· 105
無限責任組合員の地位の譲渡 ······ 103

【め】

メザニンファンド ······················ 21
免除・除外規定 ················· 58,101

【も】

持分の払戻し ·························· 106

【ゆ】

有価証券 ····················· 24,25,27
有限責任組合員 ···· 26,36,78,101,105
有限責任組合員の除名 ············· 105
有限責任組合員の地位の譲渡 ······ 101
有限責任性 ····························· 8

【り】

リミテッド・パートナーシップ ··· 27,
29

ベンチャーキャピタルファンド契約の実務

──新契約例と時価評価の解説

2019年6月21日	第1刷発行
2024年6月21日	第4刷発行

編著者　一般社団法人日本ベンチャーキャピタル協会
　　　　弁護士法人大江橋法律事務所
　　　　EY新日本有限責任監査法人
発行者　加　藤　一　浩

〒160-8520　東京都新宿区南元町19
発　行　所　一般社団法人 金融財政事情研究会
企画・制作・販売　株式会社きんざい
　　　　出版部　TEL 03(3355)2251　FAX 03(3357)7416
　　　　販売受付　TEL 03(3358)2891　FAX 03(3358)0037
　　　　URL https://www.kinzai.jp/

※2023年4月1日より企画・制作・販売は株式会社きんざいから一般社団法人
金融財政事情研究会に移管されました。なお連絡先は上記と変わりません。

校正：株式会社友人社／印刷：株式会社光邦

・本書の内容の一部あるいは全部を無断で複写・複製・転訳載すること、および
磁気または光記録媒体、コンピュータネットワーク上等へ入力することは、法
律で認められた場合を除き、著作者および出版社の権利の侵害となります。
・落丁・乱丁本はお取替えいたします。定価はカバーに表示してあります。

ISBN978-4-322-13443-8